빨간 맛
중국어

빨간 맛 중국어 |일기 편|

초판 1쇄 발행 2019년 1월 28일

지은이   리지아니
발행인   안유석
출판본부장 김형준
편 집   전유진
내지디자인 박무선
표지디자인 박무선
펴낸곳   처음북스, 처음북스는 (주)처음네트웍스의 임프린트입니다.

출판등록   2011년 1월 12일 제 2011-000009호
전화   070-7018-8812 팩스 02-6280-3032
이메일   cheombooks@cheom.net

홈페이지   cheombooks.net 페이스북 /cheombooks
트위터   @cheombooks
ISBN   979-11-7022-168-5 03720

빨간 맛 중국어

중국어

일
기
편

리지아니 지음

처음북스

그동안 많은 학생을 가르쳐왔는데, 학생들이 이런 질문을 굉장히 많이 했습니다.

"중국인들은 이 말을 진짜로 어떻게 표현해요?"
"작문은 왜 이렇게 어려워요?"

이러한 질문들을 반복적으로 들으면서 기존에 가르치던 문법뿐만 아니라 중국에서 실제로 사용하는 다양한 표현을 알려주고 싶다는 생각을 했고, 『빨간 맛 중국어』로 그 생각을 현실로 이끌어낼 수 있었습니다.

『빨간 맛 중국어』는 세 줄로 구성된 일기를 31일 동안 공부할 수 있는 책입니다. 일기라는 형식을 선택한 이유는 일기가 일상적인 주제를 다루는 대표적인 글 형식이기에 실제 중국인들이 사용하는 단어나 표현을 쉽게 엿볼 수 있기 때문입니다. 또 일기란 자신의 생각을 글로 표현하는 것이기에 작문에도 큰 도움이 될 것이라는 믿음이 있었습니다.

본문의 문법과 단어, 예문과 연습문제를 동영상 강의를 보면서 반복 학습하고 소설을 읽듯 일기를 읽으면서 부담 없이 즐겁게 공부하다 보면 어느 순간 나도 모르게 수많은 중국어 단어를 알게 되고 표현 수준이 높아질 것이며, 기초 또한 튼튼하게 다져져 있을 것입니다.

특별히 팁 파트에는 중국 문화, 중국에서 유행하는 표현, 한국어 습관 때문에 자주 틀리는 중국어 표현 등의 내용을 담았습니다. 이 파트를 재미있게 읽다 보면 중국 문화를 더 잘 이해할 수 있어 실전에서도 중국어를 자신 있게 쓸 수 있을 것입니다.

중국어 학습자들이 단지 중국어를 외우는 것이 아니라 중국어를 배우면서 중국이라는 나라를 더 많이 이해하고 관심을 가졌으면 하는 바람을 담아 책을 썼습니다.

마지막으로 저를 믿고 도와주신 안유석 대표님과 편집자님, 디자이너님을 비롯한 처음북스 직원 여러분, 한국에서 만난 소중한 학생들, 『빨간 맛 중국어』독자들께 진심으로 감사의 말씀을 드립니다.

– 2018년 크리스마스 이브, 리지아니

차 례

이 책의 활용법

오늘의 주제
일기의 제목이자 가장 포인트가 되는 문장입니다. 이 문장을 되새기면서 본문을 읽어주세요.

01 太赞了
tài zàn le

아주 칭찬해!

---

01 tài zàn le

아주 칭찬해!

| **포인트** | 감탄 표현하기: '太+형용사+(了)'

 가예의 일기

포인트
핵심적인 문법과 학습 포인트입니다. 확실하게 이해해서 응용하세요!

가예의 일기

6月2日 星期 六晴

张导演的新电影真棒。
zhāng dǎo yǎn de xīn diàn yǐng zhēn bàng。

张导演/的/新电影/真棒
zhāng dǎo yǎn/ de/ xīn diàn yǐng/ zhēn bàng

장 감독의 새로운 영화가 참 좋다.

본문 자세히 보기

본문의 각 문장을 한 줄씩 이해하기 쉽고 실용적으로 사용할 수 있게 설명했습니다.

예문

위에서 배운 문장을 토대로 다양한 예문을 만들었습니다. 중국어의 어휘와 어순을 자연스럽게 익힐 수 있도록 도와줍니다.

예문

1 EXO**的新专辑真棒**! 엑소의 새로운 앨범이 짱이다!
　EXO de xīn zhuān jí zhēn bàng !

2 TVN**的新 (电视) 剧真精彩**! TVN의 새로운 드라마가 훌륭하다!
　TVN de xīn (diàn shì) jù zhēn jīng cǎi!

단어 　导演 dǎo yǎn [명사] 감독　电影 diàn yǐng [명사] 영화　新 xīn [형용사] 새로운
　棒 bàng [형용사] 뛰어난, 훌륭한, 좋은　精彩 jīng cǎi [형용사] 훌륭한
　无聊 wú liáo [형용사] 재미없는　真 zhēn [부사] 정말(로), 참으로

단어

본문에 나오는 단어입니다. 필수적으로 알아야 할 단어 위주로 구성했습니다.

Tip

한국 학생들이 자주 틀리는 문장과 표현을 정리했습니다. 또 중국에서 생활해야만 알 수 있는 중국의 문화와 인터넷 용어, 유행어 등을 소개합니다.

 TIP 한국 학생들이 자주 틀리는 문장

几点吗? (X)
jǐ diǎn ma?

什么时候吗? (X)
shén me shí hou ma?

연습

주어진 단어를 어순에 맞게 배열하세요.

예)
新电影 棒 的 真

▷ 张导演的新电

장 감독의 새로운 영

연습

각 과에서 배운 포인트를 연습해보세요. 어순에 맞는 문장 배열과 빈칸 채우기 등으로 향상된 실력을 확인하세요.

중국 친구의 일기를 보여준다고?

어쩌면 이렇게 다 내 이야기 같은지……

나도 모르게 만만하게 볼 수 없는

상위 1퍼센트 중국어 실력자 되기!

[数字 shùzì 숫자]

1 yī   2 èr   3 sān   4 sì   5 wǔ
6 liù   7 qī   8 bā   9 jiǔ   10 shí

[日子 rìzi 날짜]

年 nián 년
月 yuè 월
日 rì 일

[星期几 xīngqíjǐ 요일]

星期一 xīng qī yī 월요일

星期二 xīng qī èr 화요일

星期三 xīng qī sān 수요일

星期四 xīng qī sì 목요일

星期五 xīng qī wǔ 금요일

星期六 xīng qī liù 토요일

星期日(星期天, 礼拜天) xīng qírì(xīng qī tiān, lǐ bàitiān) 일요일

[天气 tiān qì 날씨]

晴 qíng 맑음
阴 yīn 흐림
多云 duō yún 구름 많음
雨 yǔ 비
雪 xuě 눈
风 fēng 바람
雾 wù 안개
雾霾 wù mái 미세먼지

중국어 어순 총정리

문장이 아무리 길어져도 이 순서만 지키면 완벽한 중국어를 구사할 수 있어요.
| 주어 + 술어 + 목적어 = 명사+(부사+형용사)+동사+명사 |

[예]
我(나) 吃(먹다) 饭(밥)。
我(나) 很快地(아주 빠르게) 吃(먹다) 饭(밥)。

太赞了
tài zàn le

아주 칭찬해!

|포인트| 감탄 표현하기: 太+형용사+(了)

가예의 일기

6月2日 星期六 天气: 晴

张导演的新电影真棒。
zhāng dǎo yǎn de xīn diàn yǐng zhēn bàng.

太赞了!
tài zàn le!

剧透的人好讨厌。
jù tòu de rén hǎo tǎo yàn.

6월 2일 토요일 날씨: 맑음

장 감독의 새로운 영화가 참 좋다.

아주 칭찬해!

스포하는 사람들 너무 싫어!

张导演/的/新电影/真棒
zhāng dǎo yǎn/ de/ xīn diàn yǐng/ zhēn bàng

장 감독의 새로운 영화가 참 좋다.

真 다음에 형용사가 오면 감정을 극대화해서 표현할 수 있습니다.
'진짜 재미 있어', '진짜 재미 없어'처럼 여러 감정을 표현해보세요.

예문

1 EXO**的新专辑真棒!** 엑소의 새로운 앨범이 짱이다!
   EXO de xīn zhuān jí zhēn bàng !

2 TVN**的新 (电视) 剧真精彩!** TVN의 새로운 드라마가 훌륭하다!
   TVN de xīn (diàn shì) jù zhēn jīng cǎi !

3 JBS**的新综艺真无聊!** JBS의 새 예능이 재미없다.
   JBS de xīn zōng yì zhēn wú liáo !

단어
导演 dǎo yǎn [명사] 감독 **电影** diàn yǐng [명사] 영화 **新** xīn [형용사] 새로운
棒 bàng [형용사] 뛰어난, 훌륭한, 좋은 **精彩** jīng cǎi [형용사] 훌륭한
无聊 wú liáo [형용사] 재미없는 **真** zhēn [부사] 정말(로), 참으로

太/赞/了
Tài/ zàn/ le

아주 칭찬해!

'太+형용사+了'는 보통 감탄을 표현하는 구로, 과분하거나 지나친 상태에 불만을 드러낼 때도 사용합니다. '好나 真+형용사+啊'도 같은 뜻이에요.

예문

1 **太热了!** 너무 더워.
   tài rè le !

2 **他的运气太好了!** 쟤는 운이 정말 좋아!
   tā de yùn qi tài hǎo le!

3 **她好年轻啊!** 저 여자 굉장히 젊네.
   tā hǎo nián qīng a!

4 **他真吵啊!** 그는 너무 시끄러워.
   tā zhēn chǎo a!

 运气 yùn qi [명사] 운명, 운수   热 rè [형용사] 더운, 뜨거운
年轻 nián qīng [형용사] 젊은   吵 chǎo [형용사] 시끄러운

剧透的人/好/讨厌

jù tòu de rén/ hǎo/ tǎo yàn

스포하는 사람들 너무 싫어!

역시 감탄을 나타내는 말입니다. 好를 한국어에서는 주로 '좋다'라는 뜻으로 사용하지만 중국어에서는 好 뒤에 형용사가 오면 '너무', '매우', '아주', '대단히'라는 뜻을 가진 부사가 됩니다.

예문

1 跟风的人好烦。 따라쟁이들 너무 짜증나.
gēn fēng de rén hǎo fán。

2 挑刺的人好无聊。 트집 잡는 사람들 너무 쓸데없다.
tiāo cì de rén hǎo wú liáo。

3 上当的人好可怜。 사기당한 사람들이 너무 불쌍하다.
shàng dàng de rén hǎo kě lián。

단어

好 hǎo [부사] 매우, 아주, 대단히　剧透 jù tòu [동사] 스포일러 하다
讨厌 tǎo yàn [동사] 싫어하다, 미워하다
跟风 gēn fēng [동사] (자기 주견이 없고) 남이 말하는 대로 따라하다
挑刺 tiāo cì [동사] 흠잡다　上当 shàng dàng [동사] 속다, 꾐에 빠지다

几点吗? (X)
jǐ diǎn ma?

什么时候吗? (X)
shén me shí hou ma?

보통 초급 단계에서 의문문을 뜻하는 '~吗?'를 배우기 때문에 습관적으로 문장 뒤에 '~吗?'를 사용하는 경우가 많습니다. 하지만 의문사가 들어간 의문문을 만들 때는 끝에 '~吗?'를 붙이면 잘못된 용법이랍니다.

정확한 문장은 다음과 같습니다.

几点? (√) 몇 시야?
jǐ diǎn?

什么时候? (√) 언제?
shén me shí hou?

자주 사용하는 의문사는 아래와 같습니다.

· **几** jǐ 몇
· **什么** shén me 무엇, 어떤, 무슨, 어느
· **谁** shuí /shéi 누구
· **哪儿** nǎr 어디, 어느 곳
· **怎么** zěn me 어떻게, 어째서

주어진 단어를 어순에 맞게 배열하세요.

예)

新电影 棒 的 真 张导演 啊!

⫸ 张导演的新电影真棒啊!

　장 감독의 새로운 영화가 참 좋다.

1. 饿 我 啊 好!

_____! 너무 배고파.

2. 真 你的妈妈 啊 漂亮!

_____! 너희 엄마 정말 예쁘시다.

3. 忙 太 了 今天!

_____! 오늘 정말 바빠.

听不懂
tīng bù dǒng

못 알아듣겠어

02

│포인트│ 바람 표현하기
想(~하고 싶다), 要(바라다, 요구하다), 打算(~할 작정이다)

 일두의 일기

6月5日 星期二 天气 : 晴

中国客户说话太快了,
zhōng guó kè hù shuō huà tài kuài le,

我都听不懂, 555······。
wǒ dōu tīng bù dǒng, 555······.

我打算和部长说实话。
wǒ dǎ suàn hé bù zhǎng shuō shí huà。

6월 5일 토요일   날씨: 맑음

중국 손님이 한 말은 너무 빠르다.
하나도 못 알아들었다. ㅠㅠ
부장님께 솔직히 말하려고 한다.

中国客户/说话/太快了
zhōng guó kè hù/ shuō huà/ tài kuài le
중국 손님이 한 말은 너무 빠르다.

'太+형용사+了'가 다시 나왔네요. '참 ~하다', '너무 ~하다'의 의미로 자주 쓰이니 반복해서 봐둘수록 좋습니다.

예문

1 **王师傅做菜太好吃了!** 왕 사부님이 만든 요리는 참 맛있다.
wáng shī fu zuò cài tài hǎo chī le。

2 **李老师讲课太有趣了。** 이 선생님이 하는 수업은 참 재미있다.
lǐ lǎo shī jiǎng kè tài yǒu qù le。

3 **周总理讲话太感人了。** 주 총리가 한 연설은 감동적이다.
zhōu zǒng lǐ jiǎng huà tài gǎn rén le。

단어
中国 zhōng guó [명사] 중국　客户 kè hù [명사] 고객, 거래처
菜 cài [명사] 요리　讲话 huà [명사] 말, 발언 [동사] 말하다, 발언하다
快 kuài [형용사] 빠른　好吃 hǎo chī [형용사] 맛있는
有趣 yǒu qù [형용사] 유익한, 재미있는　说话 shuō huà [동사] 말하다
做 zuò [동사] 만들다　讲课 jiǎng kè [동사] 강의하다
感人 gǎn rén [동사] 감동시키다 [형용사] 감동시키는

我/都/听不懂, /555……。

wǒ/ dōu/ tīng bù dǒng, /555…….

하나도 못 알아들었다. ㅠㅠ

'동사 + 不 + 동사 or 형용사'는 '~하고도 ~못한다'라는 문장입니다. 여기서는 '들었지만(听) 이해하지(懂) 못(不) 하는' 상황이죠.

'555……'라는 표현도 재미있죠? 중국어에서 숫자 5는 '呜'와 발음이 비슷해 울음소리를 표현할 때 사용합니다. 'ㅠㅠ'와 비슷한데, 한국어처럼 우는 모습을 흉내 낸 것이 아니라 소리를 흉내 냈어요.

예문

1 **学不会。** 배워도 할 줄 모른다.
xué bú huì。

2 **看不清。** 잘 안 보인다.
kàn bù qīng。

3 **说不清。** 제대로 말할 수 없다.
shuō bù qīng。

 清 qīng [형용사] 맑은 都 dōu [부사] 모두, 다 听 tīng [동사] 듣다
懂 dǒng [동사] 알다, 이해하다 学 xué [동사] 배우다 说 shuō [동사] 말하다
会 huì [동사] (배워서) ~을 하다 看 kàn [동사] 보다, 읽다
听不懂 tīng bù dǒng [동사] 알아들을 수 없다, 듣고도 모르다

我/打算/和部长/说实话
wǒ/ dǎ suàn/ hé bù zhǎng/ shuō shí huà
부장님께 솔직히 말하려고 한다.

바람을 표현할 때 사용하는 동사들이 있습니다.

- 想 xiǎng ~하고 싶다
- 要 yào 바라다, 요구하다
- 计划 jì huà ~을 계획하다
- 梦想 mèng xiǎng 꿈꾸다

예문

1 **她梦想当歌手。** 그녀는 가수를 꿈꾼다.
  tā mèng xiǎng dāng gē shǒu。

2 **公司计划挑战中国市场。** 우리 회사는 중국시장에 진출하려고 한다.
  gōng sī jì huà tiāo zhàn zhōng guó shì chǎng。

3 **我真想杀了你!** 너 진짜 죽이고 싶다.
  wǒ zhēn xiǎng shā le nǐ!

> **잠깐!** 한국어에서 몽상은 말도 안되는 꿈을 뜻하지만 중국어 '梦想'은 '간절히 바란다'라는
> 의미의 동사로도 쓰입니다.

단어 市场 shì chǎng [명사] 시장　歌手 gē shǒu [명사] 가수　公司 gōng sī [명사] 회사
挑战 tiāo zhàn [명사] 도전 [동사] 도전하다　当 dāng [동사] ~이 되다
杀 shā [동사] 죽이다

TIP 不와 一의 성조 변화

不의 성조 변화

'不'의 기본 성조는 4성(bù)입니다. 하지만 예외적으로 '不'의 뒤에 4
성인 글자가 올 경우 2성(bú)이 된답니다.

- **不会** bú huì 할 줄 모른다
- **不要** bú yào 원하지 않다, 필요하지 않다

一의 성조 변화

'一'의 기본 성조는 1성(yī)입니다. 하지만 예외적으로 '一'의 뒤에 4성
인 글자가 올 경우 2성(yí)이 된답니다.

- **一个** yí gè 한 개
- **一位** yí wèi 한 분

또한 '一' 뒤에 1, 2, 3성이 올 경우 4성(yì)으로 바뀝니다.

- **一天** yì tiān 하루
- **一年** yì nián 1년
- **一种** yì zhǒng 한 종류

숫자 1은 원래 'yī'라고 읽지만 방 번호, 전화번호와 같은 번호에 사
용될 때는 'yāo'로 읽어야 합니다. 유의하세요.

- **중국 경찰서 번호**: 110 yāo yāo líng

주어진 단어를 어순에 맞게 배열하세요.

예)

打算 我 实话 说。

⫸ **我打算说实话。**

나는 솔직히 말하려고 한다.

1. **去中国 今天 计划 李老师。**

_____。

이 선생님은 오늘 중국에 갈 계획이다.

2. **你 去 要 吗 公司?**

_____?

회사 갈 거예요?

3. **希望 我 来 你。**

_____。

나는 네가 왔으면 좋겠어.

铲屎官
Chǎn shǐ guān
집사

| 포인트 | 동작의 완성 표현하기: 동사+了

 가예의 일기

6月7日 星期四 天气 : 阴

朋友养了一只小猫,
péng you yǎng le yì zhī xiǎo māo,

好萌啊!
hǎo méng a !

我也想做铲屎官了。
wǒ yě xiǎng zuò chǎn shǐ guān le。

6월 7일 목요일 날씨: 흐림

친구가 작은 고양이를 기른다.
엄청 귀엽다!
나도 집사가 되고 싶어졌다.

朋友/养了/一只/小猫
péng you/ yǎng le/ yì zhī/ xiǎo māo

친구가 작은 고양이를 기른다.

了는 문장의 끝에 사용하면 동작의 변화를, 동사와 결합해 '동사+了'가 되면 동작의 완성을 나타냅니다('~했다와 같은 과거형 표현).

예문

1 **我家的小狗3岁了。** 우리 집 강아지가 세 살이 됐다.
   wǒ jiā de xiǎo gǒu sān suì le。

2 **我听了她的建议。** 나는 그녀의 의견을 받아들였다.
   wǒ tīng le tā de jiàn yì。

3 **不动产给房主打了电话。** 부동산 업자가 집주인에게 전화를 걸었다.
   bú dòng chǎn gěi fáng zhǔ dǎ le diàn huà。

4 **中午吃了大酱汤。** 점심에 된장찌개를 먹었다.
   zhōng wǔ chī le dà jiàng tāng。

家 jiā [명사] 가정, 집안, 집   小狗 xiǎo gǒu [명사] 강아지   岁 suì [양사] 세, 살(나이)
建议 jiàn yì [명사] 건의 [동사] 건의하다   不动产 bú dòng chǎn [명사] 부동산
房主 fáng zhǔ [명사] 집주인   中午 zhōng wǔ [명사] 점심
大酱汤 dà jiàng tāng [명사] 된장국, 된장찌개   吃 chī [동사] 먹다
给~打电话 ~ gěi~dǎ diàn huà [구] ~에게 전화를 걸다

好/萌/啊
Hǎo/ méng/ a
엄청 귀엽다!

好는 형용사로 쓰일 때는 '좋다', '훌륭하다', '선량하다'라는 뜻이지만 부사로 쓰일 때는 '아주', '참', '매우' 등 정도가 더 심한 것을 뜻합니다. 감탄의 뜻을 나타내는 조사 啊와 함께 쓰이는 경우가 많으니 알아두면 좋습니다.

예문

1 **好可爱啊!** 엄청 귀엽다.
  hǎo kě ài a!

2 **好乖啊!** 정말 착하다.
  hǎo guāi a!

3 **好听话啊!** 정말 말 잘 듣는다.
  hǎo tīng huà a!

 萌 méng [형용사] 사랑스러운, 귀여운(인터넷에서 기원된 단어)
可爱 kě ài [형용사] 귀여운 乖 guāi [형용사] 얌전한, 착한
听话 tīng huà [동사] 말을 잘 듣다

我也想/做/铲屎官/了
wǒ yě xiǎng/ zuò/ chǎn shǐ guān/ le
나도 집사가 되고 싶어졌다.

원래 동물을 키울 생각이 없었으나 친구가 키우는 것을 보고 생각이 바뀌었다는 의미로, 이 문장에서 了는 생각(동작)의 변화를 나타냅니다. 앞에서도 나왔지만 다시 한 번 짚고 넘어가면 좋아요.
也는 '~도' 라는 뜻입니다.

예문

1 **我不想做公务员了。**
wǒ bù xiǎng zuò gōng wù yuán le。
(원래 공무원이 되고 싶었으나) 공무원이 되고 싶지 않아졌다.

2 **我想学中文了。**
wǒ xiǎng xué zhōng wén le。
(원래는 중국어 배울 생각이 없었으나) 중국어를 배우고 싶어졌다.

3 **我想戒烟了。** (원래는 담배를 피우는데) 담배를 끊고 싶어졌다.
wǒ xiǎng jiè yān le。

 铲屎官 [명사] 집사*　**公务员** gōng wù yuán [명사] 공무원

*반려동물의 배변을 퍼서 치운다는 의미에서 나온 단어로 온라인 상에서 많이 쓰입니다. 반려동물의 주인을 부르는 말이며 '主人(주인)'보다 훨씬 더 유머스럽고 사랑스러운 표현이에요.

做 zuò [동사] 하다　**戒烟** jiè yān [동사] 담배를 끊다

我们部门都是单身狗。 우리 부서는 다 솔로다.
wǒ men bù mén dōu shì dān shēn gǒu。

연애나 결혼을 하지 않은 사람이 자신의 신세를 한탄할 때 스스로를 '单身狗(독신 개)'라고 부른답니다. 아무리 그래도 '개'라고 하다니, 좀 슬프네요.

电影院里到处是狗粮。 영화관 여기저기에 개사료가 많네.
diàn yǐng yuàn lǐ dào chù shì gǒu liáng。

커플이 애정을 과시하면 눈꼴이 시리겠죠? 이럴 때 "깨가 쏟아지네"라고 비꼬는데, 중국에서는 깨 대신 '狗粮(개사료)'라고 써요.

주어진 단어를 어순에 맞게 배열하세요.

예)

我 了 想做 也 铲屎官。

⫸ 我也想做铲屎官了。

나도 집사가 되고 싶어졌다.

1. 回家 了 我。

_____。 나는 집에 갔다.

2. 他 不动产 去 了。

_____。 그가 부동산에 갔다.

3. 一只 我 小狗 养了。

_____。 나는 강아지를 키웠다.

有心事
yǒu xīn shì

고민이 있다

| **포인트** | 有: 있다
사람 or 사물+有+명사, 장소+有+사람 or 사물

 일두의 일기

4月17日 星期五 天气 : 晴

我没有哥哥, 有一个妹妹。
wǒ méi yǒu gē ge , yǒu yí gè mèi mei。

她和我不一样,
tā hé wǒ bù yí yàng。

有心事, 都写在脸上。
yǒu xīn shì , dōu xiě zài liǎn shang。

4월 17일 금요일 날씨: 맑음

나는 오빠는 없고 동생이 하나 있다.
그 애는 나와 다르다.
고민이 얼굴에 다 쓰여있다.

我/没有/哥哥, 有/一个/妹妹

wǒ/ méi yǒu/ gē ge , yǒu/ yí gè/ mèi mei

나는 오빠는 없고 동생이 하나 있다.

무언가를 가지고 있을 때 有를 사용합니다. 잘 알고 있는 '있을 유'라 외우기 편하죠? 무언가를 가지고 있지 않을 때는 '没有'라고 합니다. 중국 영화를 보면 '메이유'라고 말하는 것을 자주 들을 수 있는데, 그만큼 많이 사용하는 단어입니다.

예문

1 **叔叔没有工作, 有梦想。** 삼촌은 직업은 없지만 꿈이 있다.
   shū shu méi yǒu gōng zuò , yǒu mèng xiǎng。

2 **我有好朋友, 没有男朋友。**
   wǒ yǒu hǎo péng you , méi yǒu nán péng you。
   나는 친한 친구는 있지만 남자친구가 없다.

3 **她有钱, 没有时间。** 그는 돈은 있지만 시간이 없다.
   tā yǒu qián , méi yǒu shí jiān。

 단어

哥哥 gē ge [명사] 형, 오빠   妹妹 mèi mei [명사] 여동생
工作 gōng zuò [명사] 일, 직업   钱 qián [명사] 돈, 동전
梦想 mèng xiǎng [명사] 꿈 [동사] 꿈꾸다   时间 shí jiān [명사] 시간, 동안
有 yǒu [동사] 가지고 있다, 있다(소유를 나타냄)
没有 méi yǒu [동사] 없다, 가지고(갖추고) 있지 않다   个 gè [양사] 개, 명(단위)

她/和/我/不一样
tā/ hé/ wǒ/ bù yí yàng
그 애는 나와 다르다.

和는 여러 단어나 동사를 연결할 때 사용합니다. 예를 들어 '她和我'는 '그 사람과(和) 나'를 뜻하죠.

'不一样'은 '서로 다르다'는 뜻입니다. 그렇다면 '같다'는 어떻게 말할까요? 당연히 '一样'이죠. 직역하면 '하나의 모양', 즉 '같은 것'이라는 뜻입니다.

예문

1 **认识的哥哥和亲哥哥不一样。** 아는 오빠와 친오빠는 다르다.
   rèn shi de gē ge hé qīn gē ge bù yí yàng。

2 **别人家的孩子和我不一样。** 남의 집 아이와 나는 다르다.
   bié rén jiā de hái zi hé wǒ bù yí yàng。

3 **有经验和没经验不一样。** 경험이 있고 없음은 다르다.
   yǒu jīng yàn hé méi jīng yàn bù yí yàng。

단어 别人 bié rén [명사] 남, 타인　经验 jīng yàn [명사] 경험　和 hé [접속사] ~와, ~과
认识 rèn shi [동사] 알다　不一样 bù yí yàng [동사] 같지 않다

有/心事, 都/写/在/脸上

yǒu/ xīn shì , dōu/ xiě/ zài/ liǎn shang

고민이 얼굴에 다 쓰여있다.

실제 눈으로 볼 수 있는 물건(사람 or 사물+有+명사) 말고도 '心事(고민거리)' 같은 눈에 보이지 않는 생각 등을 마음에 품고 있을 때도 有를 사용합니다. 또 어떤 장소에 무언가가 있을 때(장소+有+사람 or 사물)도 有를 사용해요. 이처럼 有는 여러모로 많이 쓰이는 단어입니다.

예문

1 **我有话想说。** 하고 싶은 말이 있어.
   wǒ yǒu huà xiǎng shuō。

2 **我没有经验。** 난 경험이 없어.
   wǒ méi yǒu jīng yàn。

3 **桌子上有我的化妆品。** 탁자 위에 내 화장품이 있다.
   zhuō zi shang yǒu wǒ de huà zhuāng pǐn。

잠깐! <我有话要说>이라는 제목의 중국 영화가 우리나라에 <우리도 할 말은 있다>라는 제목으로 들어와 히트한 적이 있다고 해요.

 단어 桌子 zhuō zi [명사] 탁자, 테이블 化妆品 huà zhuāng pǐn [명사] 화장품

'心灵鸡汤(xīn líng jī tāng, 심령계탕)'은 '사람을 따뜻하게 격려해 주는 글'이라는 뜻이에요. 한국의 대표 보양식 삼계탕처럼 중국에도 이와 비슷한 보양식인 닭고기 탕이 있는데, 이 닭고기 탕을 먹으면 체력이 회복되듯이 위로의 말을 들으면 마음이 회복된다는 의미에서 만들어진 말이죠. 『내 영혼을 위한 닭고기 수프』라는 책이 유명한 것을 보면 닭고기 탕은 세계인의 마음을 달래주는 음식인가 봐요.

여기서 파생된 유행어로 '干了这碗(心灵)鸡汤(gān le zhè wǎn[xīn líng]jī tāng)'이라는 말이 있습니다.
'干'은 '건배'라는 뜻이며, 위 문장을 직역하면 '사람을 따뜻하게 격려해 주는 글에 건배'가 됩니다. 즉 '위로의 말을 듣고 힘내자'라는 의미입니다.

주어진 단어를 어순에 맞게 배열하세요.

예)

心事 她 有。

⫶ **她有心事。**

그 애는 고민이 있다.

1. 我　工作 有 经验。

_____。 나는 일을 한 경험이 있다.

2. 很多 妹妹 化妆品 有。

_____。 내 여동생은 화장품이 많다.

3. 他 钱 没有。

_____。 그 사람은 돈이 없다.

这家的菜味道好极了
zhè jiā de cài wèi dào hǎo jí le

05

이 집 요리 맛이 끝내준다!

|포인트| 표현의 정확도 향상에 도움이 되는 정도부사+형용사
정도부사: 很(아주), 非常(매우), 太(너무), 最(가장)……

가예의 일기

9月7日 星期一 天气 : 晴

公司对面有一个网红饭店
gōng sī duì miàn yǒu yí gè wǎng hóng fàn diàn

门口有很多人排队,
mén kǒu yǒu hěn duō rén pái duì。

这家的菜味道好极了!
zhè jiā de cài wèi dào hǎo jí le!

6월 7일 월요일 날씨: 맑음

회사 맞은 편에 있는 한 레스토랑
입구에 많은 사람이 줄을 서서 기다리고 있다.
이 집 요리 맛이 끝내준다!

公司/对面/有/一个/网红饭店

gōng sī/ duì miàn/ yǒu/ yí gè/ wǎng hóng fàn diàn

회사 맞은 편에 있는 한 레스토랑 (맛집)

친구에게 어떤 장소를 알려주려 할 때 특정 건물을 기준으로 말하면 편하겠죠? 이번에 배울 문장은 '~맞은편(동편, 안, 밖)에 ~가 있다'입니다. '~가 있다'는 여러 번 배운 有를 사용합니다.

예문

1 **学校东面有一个电影院。** 학교의 동쪽에 영화관이 하나 있다.
　 xué xiào dōng miàn yǒu yí gè diàn yǐng yuàn。

2 **公司里面有一个咖啡厅。** 회사 안에 카페가 하나 있다.
　 gōng sī lǐ miàn yǒu yí gè kā fēi tīng。

3 **医院外面有一个便利店。** 병원 밖에 편의점이 하나 있다.
　 yī yuàn wài miàn yǒu yí gè biàn lì diàn。

 公司 gōng sī [명사] 회사　　对面 duì miàn [명사] 반대편, 맞은편
网红 wǎng hóng [명사] 인터넷 스타　　饭店 fàn diàn [명사] 식당
咖啡厅 kā fēi tīng [명사] 카페

门口/有/很多/人/排队

mén kǒu/ yǒu/ hěn duō/ rén/ pái duì

입구에 많은 사람이 줄을 서서 기다리고 있다.

'정도부사+형용사'는 표현의 정확도 향상에 도움을 줍니다.

예: 很(hěn, 아주)=非常(fēi cháng, 매우) < 最(zuì, 가장)=极了(jí le, 극히)

오른쪽에 있는 단어가 더욱 강한 느낌입니다.

1 她最小。 그녀가 가장 어리다.
　tā zuì xiǎo。

2 演出非常精彩。 공연이 아주 훌륭하다.
　yǎn chū fēi cháng jīng cǎi。

3 这周末很忙。 이번 주말에는 아주 바쁘다.
　zhè zhōu mò hěn máng。

 演出 yǎn chū [명사] 공연 [동사] 공연하다
精彩 jīng cǎi [형용사] (공연, 전시, 말, 글 따위가) 뛰어난

41

这家的/菜/味道/好极了
zhè jiā de/ cài/ wèi dào/ hǎo jí le
이 집 요리 맛이 끝내준다!

'好极了'는 관용어로 매우 칭찬하고 싶을 때 사용합니다. '브라보!'와 같은 뜻입니다.

예문

1 **这家的职员态度好极了!** 이 집 직원의 태도가 정말 좋다.
zhè jiā de zhí yuán tài dù hǎo jí le!

2 **这家的装修(风格)好极了!** 이 집 인테리어(스타일)가 끝내준다.
zhè jiā de zhuāng xiū fēng gé hǎo jí le!

3 **这家的东西价格好极了!** 이 집 물건 가격이 아주 좋다.
zhè jiā de dōng xi jià gé hǎo jí le!

 菜 cài [명사] 요리　味道 wèi dào [명사] 맛　职员 zhí yuán [명사] 직원
态度 tài dù [명사] 태도　装修 zhuāng xiū [명사] 인테리어
风格 fēng gé [명사] 스타일　东西 dōng xi [명사] 상품
价格 jià gé [명사] 가격

'网红(wǎng hóng)'은 인터넷에서 인기 있는 사람, 식품, 상점 등을 말하는 단어로 상당히 자주 쓰입니다. 网(wǎng)은 인터넷, 红(hóng)은 인기 있다라는 뜻이에요.

지금 제일 인기 있는 '网红'들은 동영상이나 인터넷 라이브 방송을 통해 유명해졌어요. 한국의 BJ와 같습니다.

또한 중국어에는 '맛집'이라는 단어가 없지만 비슷한 단어로 '网红饭店(wǎng hóng fàn diàn)'이 있습니다. 음식이 맛있거나 유명인이 다녀간 식당을 '网红饭店'이라고 부릅니다.

주어진 단어를 어순에 맞게 배열하세요.

예)

很多人 门口 排队 有。

⫶ 门口有很多人排队。

입구에 많은 사람이 줄을 서서 기다리고 있다.

1. 的 好极了 菜 味道。

_____ 。 요리 맛이 끝내준다!

2. 我 自信 希望 你 一点儿。

_____ 。

나는 네가 좀 더 자신감을 가졌으면 좋겠어.

3. 今天 演出 几场 有?

_____ ? 오늘 공연 몇 개 있어?

他是我的偶像
tā shì wǒ de ǒu xiàng

그는 나의 롤모델이다

06

|포인트| 是: ~이다
A 是 B, 장소+是+사람 or 사물, 是~的

가예의 일기

4月17日 星期三 天气 : 晴

他情商，智商很高，
tā qíng shāng 、zhì shāng hěn gāo,

他是我的学长，
tā shì wǒ de xué zhǎng,

他是我的偶像。
tā shì wǒ de ǒu xiàng。

4월 17일 수요일 날씨: 맑음

그는 EQ, IQ가 높다.
그는 나의 선배다.
그는 나의 롤모델이다.

他/情商, 智商/很高
tā/ qíng shāng , zhì shāng/ hěn gāo
그는 EQ, IQ가 높다.

키, 건물, 수준, 점수 등이 높다고 표현할 때 高를 많이 사용합니다. 중국어에는 형용사 앞에 부사가 오는 습관이 있어서 보통 很이 高 앞에 붙습니다. 어투에 따라서 강조하는 의미도 있어요.

예문

1 **他个子很高。** 그는 키가 크다.
   tā gè zi hěn gāo。

2 **医生们收入很高。** 의사들은 수입이 높다.
   yī shēng men shōu rù hěn gāo。

3 **爷爷血压很高。** 할아버지의 혈압이 높다.
   yé ye xuè yā hěn gāo。

情商 qíng shāng [명사] 감성 지수(EQ)　智商 zhì shāng [명사] 지능 지수(IQ)
个子 gè zi [명사] 키　收入 shōu rù [명사] 수입　血压 xuè yā [명사] 혈압
高 gāo [형용사] 높은

他/是/我的/学长
tā/ shì/ wǒ de/ xué zhǎng

그는 나의 선배다.

是는 영어로 'is'에 해당합니다. 사물(인물)을 설명하거나 관계를 알려줄 때 사용합니다. '是~的'는 강조할 때 사용하는 표현입니다.
이때 的는 주로 문장의 끝에 위치합니다.

예문

1 **首尔是我的第二故乡。** 서울은 내 제2의 고향이다.
shǒu ěr shì wǒ de dì èr gù xiāng。

2 **我的爱好是摄影。** 내 취미는 사진 찍기다.
wǒ de ài hào shì shè yǐng。

3 **公司是他的。** 회사는 그 사람의 것이다(그 사람의 것임을 강조).
gōng sī shì tā de。

4 **他的手机是苹果的。**
tā de shǒu jī shì píng guǒ de。
그의 휴대폰은 아이폰이다(다른 브랜드가 아닌 아이폰임을 강조).

 단어

首尔 shǒu ěr [명사] 서울   故乡 gù xiāng [명사] 고향
手机 shǒu jī [명사] 휴대폰, 휴대폰   苹果 píng guǒ [명사] 사과, 아이폰
第二 dì èr [수사] 제2   摄影 shè yǐng [동사] 촬영하다

他/是/我的/偶像
tā/ shì/ wǒ de/ ǒu xiàng

그는 나의 롤모델이다.

'A 是 B'는 A와 B가 동등할 때, A를 B를 통해 설명할 때, A를 자세히 묘사할 때 사용합니다.

예문

1 **他是我的亲戚。** 그는 나의 친척이다.
   tā shì wǒ de qīn qi。

2 **你是我的敌人。** 너는 나의 적이다.
   nǐ shì wǒ de dí rén。

3 **她是我的朋友。** 그녀는 나의 친구다
   tā shì wǒ de péng you。

偶像 ǒu xiàng [명사] 롤모델   **亲戚** qīn qi [명사] 친척
敌人 dí rén [명사] 적   **朋友** péng you [명사] 친구
是 shì [동사] ~이다(두 사물을 연계시켜 해석하거나 묘사할 때 사용함)

한국어와 중국어의 선배와 후배는 사용하는 상황이 약간 다릅니다. 중국 학교에서는 남자 선배를 '学长(xué zhǎng)', 여자 선배를 '学姐(xué jiě)', 남자 후배를 '学弟(xué dì)', 여자 후배를 '(学妹 xué mèi)'이라고 부릅니다. 이 단어들은 학교에서만 써요.

일반적으로는 회사 등 업무적인 관계에 있는 사람을 '前辈(qián bèi, 선배)'라고 부릅니다. 또한 그냥 '哥哥(gē ge, 오빠)', '姐姐(jiě jie, 언니)'라고 부르기도 합니다.

주어진 단어를 어순에 맞게 배열하세요.

예)

我 偶像 的 是 学长。

⫶ 学长是我的偶像。

선배는 나의 롤모델이다.

1. 对面 电影院 是什么 的?

_____? 영화관 맞은편은 뭐야?

2. 这是 第二个 他 手机 送我的。

_____。

이것은 그가 내게 준 두 번째 휴대폰이다.

3. 哪里 是 你的 故乡?

_____? 고향이 어디예요?

平时是妈妈做饭
píng shí shì mā ma zuò fàn
07

평소에 어머니께서 밥을 하신다

| 포인트 | 시간명사와 빈도부사
昨天(어제), 今天(오늘), 明天(내일)……,
已经(이미), 刚才(방금), 马上(곧)……

 가예의 일기

11月6日 星期六 天气 : 晴

平时是妈妈做饭。
píng shí shì mā ma zuò fàn

偶尔点外卖。
ǒu ěr diǎn wài mài

今天爸爸要露一手。
jīn tiān bà ba yào lòu yì shǒu

11월 6일 토요일　날씨: 맑음

평소에 어머니께서 밥을 하신다.
가끔 배달을 시킨다.
오늘은 아버지께서 솜씨를 보여주신다.

平时/是妈妈/做饭
píng shí/ shì mā ma/ zuò fàn

평소에 어머니께서 밥을 하신다.

자주 사용하는 시간명사와 빈도부사를 알아봅시다.

- 일: 昨天(zuó tiān, 어제), 今天(jīn tiān, 오늘), 明天(míng tiān, 내일), 后天(hòu tiān, 모레), 十天以后(shí tiān yǐ hòu, 열흘 후)
- 년: 去年(qù nián, 작년), 今年(jīn nián, 올해), 明年(míng nián, 내년)
- 시간: 早上(zǎo shàng, 아침), 中午(zhōng wǔ, 점심), 晚上(wǎn shàng, 저녁)
- 때: 已经(yǐ jīng, 이미), 刚才(gāng cái, 방금), 马上(mǎ shàng, 곧), 现在(xiàn zài, 지금), 以后(yǐ hòu, 나중에), 偶尔(ǒu ěr, 때때로), 经常(jīng cháng, 자주), 常常(cháng cháng, 자주), 终于(zhōng yú, 드디어), 永远(yǒng yuǎn, 영원히)

예문

1 我马上到。 금방 도착해.
wǒ mǎ shàng dào。

2 他对我说："我会永远更爱你"。
tā duì wǒ shuō："wǒ huì yǒng yuǎn gèng ài nǐ"。
그는 나에게 영원히 더 사랑할 것이라고 말했었다.

3 我们公司经常聚餐。 우리 회사는 회식을 자주 한다.
wǒ men gōng sī jīng cháng jù cān。

 爱 ài [명사] 사랑 [동사] 사랑하다   聚餐 jù cān [동사] 회식하다
到 dào [동사] 도착하다

偶尔/点/外卖
ǒu ěr/ diǎn/ wài mài

가끔 배달을 시킨다.

중국에서도 배달은 익숙한 문화입니다. 한국처럼 거의 모든 음식이 다 배달되고, 배달시켰을 때 오히려 음식 양이 더 많을 때도 있습니다.

예문

1 **偶尔吃宵夜。** 가끔 야식을 먹는다.
ǒu ěr chī xiāo yè。

2 **偶尔打麻将。** 가끔 마작을 한다.
ǒu ěr dǎ má jiàng。

3 **偶尔玩游戏。** 가끔 게임을 한다.
ǒu ěr wán yóu xì。

麻将 má jiàng [명사] 마작　　游戏 yóu xì [명사] 게임

外卖 wài mài [명사] 배달 음식　　宵夜 xiāo yè [명사] 야식

偶尔 ǒu ěr [부사] 간혹, 이따금, 때때로　　玩 wán [동사] ~하고 놀다

点 diǎn [동사] 요리를 (골라서) 주문하다　　打 dǎ [동사] 치다

今天/爸爸/要/露一手
jīn tiān/ bà ba/ yào/ lòu yì shǒu
오늘은 아버지께서 솜씨를 보여주신다.

'要+동사'는 '〜을 하려고 한다'라는 뜻입니다.
'要+동사+一手'의 형태로 주로 쓰는데. 一手 앞에 어떤 동사가 오는가
에 따라 의미가 달라집니다. 대표적인 동사로는 '露(드러내다)', '留(남기다)',
'插(끼우다)'가 있습니다. 예문에서 확인해보세요.

예문

1 **今天教练要留一手。** 오늘 코치는 히든카드를 남겨 두려고 한다.
  jīn tiān jiāo liàn yào liú yì shǒu。

2 **今天同事要插一手。** 오늘 동료가 꼽사리 끼려고 한다.
  jīn tiān tóng shì yào chā yì shǒu。

 今天 jīn tiān [명사] 오늘　爸爸 bà ba [명사] 아빠
露一手 lòu yì shǒu [동사] 솜씨를 보여주다, 한 수 보여주다

중국의 젊은이들은 특정 배우나 가수를 좋아할 때 "나는 그의 粉丝(fěn sī)" 혹은 "饭(fàn)"이라고 말합니다. 원래 粉丝은 당면, 饭은 밥이라는 뜻인데, 영어 'fan'과 발음이 비슷해서 팬이라는 뜻으로 사용하게 됐답니다.

또 한류의 영향으로 대중문화와 관련한 단어들이 중국에 유입돼 인기를 끌고 있어요. 실제로 한국어 발음 때문에 생긴 단어도 있습니다.

- 忙内máng nèi 막내
- 大发dà fā 대박
- 爱豆ài dòu 아이돌

주어진 단어를 어순에 맞게 배열하세요.

예)

点 经常 外卖。

⇨ 经常点外卖。 가끔 배달을 시킨다.

1. 我 永远 爱你。

_____。 나는 너를 영원히 사랑해.

2. 要 练习 平时 多。

_____。 평소에 연습을 많이 해야 해.

3. 偶尔 女朋友 做饭 给我。

_____。

가끔씩 여자친구가 나에게 밥을 해준다.

好久没做运动了
hǎo jiǔ méi zuò yùn dòng le
오랜만에 운동을 했다

|포인트| 好久+没/不(了) +동사: 오랜만에 ~하다/ 오랫동안 ~ 하지 않다

 일두의 일기

10月6日 星期五 天气 : 多云

今天去健身房健身了,
jīn tiān qù jiàn shēn fáng jiàn shēn le,

好久没做运动了,
hǎo jiǔ méi zuò yùn dòng le,

非常累。
fēi cháng lèi。

10월 6일 금요일 날씨: 흐림

오늘 헬스장에 가서 운동을 했다.
오랫동안 운동을 하지 않아서
엄청 힘들다.

今天/去/健身房/健身/了
jīn tiān/ qù/ jiàn shēn fang/ jiàn shēn/ le
오늘 헬스장에 가서 운동을 했다.

시간과 장소, 행동을 한 번에 말할 수 있는 문장입니다.
今天(오늘)+去(가다)+健身房(헬스장)+健身(운동)+了(과거) 꼴이에요.

예문

1 **昨天去电影院看电影了。** 어제 영화관에 가서 영화를 봤다.
zuó tiān qù diàn yǐng yuàn kàn diàn yǐng le。

2 **去年去中国留学了。** 작년에 중국으로 유학을 다녀왔다.
qù nián qù zhōng guó liú xué le。

3 **上个月去公司实习了。** 지난달에 회사에서 실습을 했다.
shàng gè yuè qù gōng sī shí xí le。

단어

健身房 jiàn shēn fáng [명사] 헬스장
健身 jiàn shēn [동사] 몸을 튼튼히(건강하게) 하다
留学 liú xué [동사] 유학하다   实习 shí xí [동사] 실습하다

好久/没做/运动/了
hǎo jiǔ/ méi zuò/ yùn dòng/ le

오랫동안 운동을 하지 않았다.

'好久+没 or 不+동사+(了)'는 '오랫동안 ~하지 않다'라는 의미입니다. 보통 没은 객관적인 일(못한 것)이나 과거형과 함께, 不는 주관적인 일(안 한 것)과 함께 사용하지만 이 문법에서는 바꿔 사용해도 큰 차이는 없습니다. 또한 好久, 很久, 很长时间는 모두 '(시간이) 오래된'이라는 뜻입니다.

 예문

1 **好久不见！** 오랜만이야! (인사할 때 쓰는 관용어)
   hǎo jiǔ bú jiàn !

2 **好长时间没工作了, 有些不自信。**
   hǎo cháng shí jiān méi gōng zuò le , yǒu xiē bú zì xìn。
   일을 안 한 지 오래 돼서 자신감이 조금 떨어졌어.

3 **我们好久没联系了。** 우리는 오랫동안 연락하지 않았다.
   wǒ men hǎo jiǔ méi lián xì le。

4 **很久没回家了。** 오랫동안 집에 가지 않았다.
   hěn jiǔ méi huí jiā le。

 단어   见 jiàn [동사] 만나다   工作 gōng zuò [동사] 일하다
   联系 lián xì [동사] 연락하다   回家 huí jiā [동사] 집에 가다

非常/累
fēi cháng/ lèi
엄청 힘들다.

累(힘들다)에 정도를 나타내는 부사 '非常'을 붙여 '매우 힘들다'라는 의미를 만들었습니다. 이때 非常 대신 정도를 나타내는 다른 부사도 사용할 수 있고, 이외에 사용할 수 있는 다른 관용어들도 있습니다. 예문에서 확인해보세요.

예문

1 **累死了**。 피곤해 죽겠다.
   lèi sǐ le。

2 **累成狗**。 엄청나게 힘들다.
   lèi chéng gǒu。

3 **累瘫了**。 녹초가 됐다.
   lèi tān le。

 累 lèi [형용사] 지친, 피곤한   非常 fēi cháng [부사] 대단히
瘫 tān [동사] 녹초가 되다

한국어에는 菜(cài)라는 단어가 없어 많은 학생이 습관적으로 한국어처럼 '料理(liào lǐ, 요리)', '饮食(yǐn shí, 음식)'이라고 하는 경우가 많습니다.

하지만 料理와 饮食은 뉴스나 문서에서 주로 사용하는 단어로 吃(먹다)와 함께 사용할 수 없습니다('요리를 먹다', '음식을 먹다'라고 말하지 않아요). 일상적으로 자주 사용하는 용어가 아니므로 '菜'라고 말해야 합니다.

예)
· 下饭菜/小咸菜　　반찬
　xià fàn cài / xiǎo xián cài

주어진 단어를 어순에 맞게 배열하세요.

예)

做运动 没 了 好久。

▷ **好久没做运动了。**

　　오랫동안 운동을 하지 않았다.

1. **没 了 很长时间 下雨。**

_____。　오랫동안 비가 오지 않았다.

2. **没有 好久 消息 你的 了。**

_____。　오랫동안 당신의 소식이 없었다.

3. **他 喝酒 很长时间 已经 不 了。**

_____。

이미 오랫동안 술을 마시지 않았다.

09 他才来
tā cái lái

그는 이제서야 왔다

 일두의 일기

5月15日 星期三 天气：阴

约了下午一点见面，
yuē le xià wǔ yī diǎn jiàn miàn,

我从一点等到两点半，
wǒ cóng yī diǎn děng dào liǎng diǎn bàn,

他才来。
tā cái lái。

5월 15일 수요일 날씨: 흐림

오후 한 시에 만나기로 약속했다.
나는 한 시부터 두 시 반까지 기다렸다.
그는 이제서야 왔다.

约了/下午/一点/见面
yuē le/ xià wǔ/ yī diǎn/ jiàn miàn
오후 한 시에 만나기로 약속했다.

'몇 시에 무엇을 하기로 했다'라는 약속을 할 때 유용한 문장으로, '约(약속하다, 了가 붙으면 '약속했다')+시간+ ~하기로'로 구성돼 있습니다.

예문

1 **约了今晚5点吃饭。** 오늘 저녁 다섯 시에 밥을 먹기로 약속했다.
yuē le jīn wǎn wǔ diǎn chī fàn.

2 **约了下星期再见。** 다음 주에 다시 만나기로 약속했다.
yuē le xià xīng qī zài jiàn.

3 **约了周末打篮球。** 주말에 농구를 하기로 약속했다.
yuē le zhōu mò dǎ lán qiú.

下星期 xià xīng qī [명사] 다음 주   下午 xià wǔ [명사] 오후   ~点 diǎn [명사] ~시
见面 jiàn miàn [동사] 만나다   吃饭 chī fàn [동사] 밥을 먹다
再见 zài jiàn [동사] 다시 만나다   打篮球 dǎ lán qiú [동사] 농구하다

我/从/一点/等/到/两点半

wǒ/ cóng/ yī diǎn/ děng/ dào/ liǎng diǎn bàn

나는 한 시부터 두 시 반까지 기다렸다.

두 가지 표현이 한꺼번에 나오는 문장입니다. '从~ +到~'는 '~부터(시작) ~까지(끝)'이라는 뜻이며 '동사+到+시간'은 동작이 시간까지 진행된다는 것을 나타내는 표현입니다.

예문

1 从头到脚。 머리부터 발끝까지.
  cóng tóu dào jiǎo。

2 他从初级学到高级。 그 사람은 초급부터 고급까지 배웠다.
  tā cóng chū jí xué dào gāo jí。

3 丈夫从6点加班到11点。
  zhàng fū cóng 6diǎn jiā bān dào 11diǎn。
  남편은 여섯 시부터 열한 시까지 야근을 했다.

 단어   半 bàn [수사] 2분의 1, 반, 절반   加班 jiā bān [동사] 야근하다, 추가 근무하다
         等 děng [동사] 기다리다

他/才/来
tā/ cái/ lái
그는 이제서야 왔다.

'才'와 '就'의 용법과 두 단어를 구별하는 법을 배워봅시다. 才는 '이제', '겨우' , 就는 '벌써'라는 뜻입니다. '숫자 or 시간+才'는 말하는 대상의 동작이 늦어지거나 오랜 시간이 걸릴 때 사용합니다. 반대로 '숫자 or 시간+就'는 말하는 대상의 동작이 발생하는 시기가 이르거나 짧을 때 사용합니다. '才+숫자 or 시간+就+동사'도 이르다는 뜻으로 사용됩니다. 예문을 보면 더 이해하기 쉬울 거예요.

예문

1 **她中午才起床。** 그녀는 점심이 돼서야 일어났다.
tā zhōng wǔ cái qǐ chuáng。

2 **马上就去。** 금방(바로) 갈게.
mǎ shàng jiù qù。

3 **才4月, 就这么热。** 이제 4월인데 벌써 이렇게 더워?
cái sì yuè , jiù zhè me rè?

这么 zhè me [대명사] 이렇게   就 jiù [부사] 이미, 벌써
马上 mǎ shàng [부사] 곧, 즉시   热 rè [형용사] 더운
起床 qǐ chuáng [동사] 일어나다

판다는 중국의 국보 중 하나입니다.

에버랜드에 비싼 대나무 가지만 먹는 잠꾸러기 판다 두 마리가 있는데, 본 적 있나요?

국보이기 때문에 해외에서는 외교관 못지 않게 중요한 역할을 하기도 합니다.

다크서클이나 멍든 눈을 '熊猫眼(xióng māo yǎn)'이라고 하는데, 판다의 눈 주변이 검은색이어서 유래된 말입니다.

주어진 단어를 어순에 맞게 배열하세요.

예)

等到 从 两点半 下午 一点 我。

➤ 我从下午一点等到两点半。

　　나는 한 시부터 두 시 반까지 기다렸다.

1. 第一个 从 第三个 到。

_____。　첫 번째부터 세 번째까지.

2. 你 起床 才 10点?

_____?　열 시가 돼서야 일어났니?

3. 出院了 就 昨天 他。

_____。　그는 벌써 어제 퇴원했다.

10

我还有两个PPT要做

wǒ hái yǒu liǎng gè PPT yào zuò

나는 아직 만들어야 할 PPT가 두 개 더 있다

|포인트| 还: ①아직, 여전히, ②그리고, ~도, 더

  일두의 일기

7月18日 星期五 天气:晴

还没到午休时间,
hái méi dào wǔ xiū shí jiān,

大家在讨论一会儿吃什么,
dà jiā zài tǎo lùn yí huìr chī shén me,

我还有两个PPT要做。
wǒ hái yǒu liǎng gè PPT yào zuò。

7월 18일 금요일 날씨: 맑음

아직 점심시간이 되지 않았다.

모두들 잠시 후에 무엇을 먹을지 이야기하고 있다.

나는 아직 만들어야 할 PPT가 두 개 더 있다.

还/没到/午休/时间
hái/ méi dào/ wǔ xiū/ shí jiān

아직 점심시간이 되지 않았다.

일반적으로 중국의 점심시간은 한국보다 길답니다. 여름에는 약 두 시간 반, 겨울에는 약 두 시간 정도예요. 그래서 점심을 먹고 낮잠을 자기도 합니다.

예문

1 **还没到放假期间。** 아직 방학기간이 되지 않았다.
   hái méi dào fàng jià qī jiān。

2 **还没到出发时间。** 아직 출발 시간이 되지 않았다.
   hái méi dào chū fā shí jiān。

3 **还没到播出时间。** 아직 방송 시간이 되지 않았다.
   hái méi dào bō chū shí jiān。

단어 午休 wǔ xiū [명사] 점심 후 휴식 [동사] 점심 후 휴식하다   时间 shí jiān [명사] 시간
      还 hái [부사] 아직   放假 fàng jià [동사] 방학하다
      出发 chū fā [동사] 출발하다   播出 bō chū [동사] 방송하다

大家/在/讨论/一会儿/吃什么
dà jiā/ zài/ tǎo lùn/ (yí huìr)/ chī shén me

모두들 잠시 후에 무엇을 먹을지 이야기하고 있다.

'在+동사'는 현재진행형이라고 보면 됩니다. '~하고 있다'라고 말하고 싶을 때 사용합니다.

예문

1 我们在想(周末)做什么。
wǒ men zài xiǎng (zhōu mò) zuò shén me。

우리 모두 주말에 무엇을 할지 생각하고 있다.

2 他们在问为什么。 그들은 모두 왜냐고 물어보고 있다.
tā men zài wèn wèi shén me

3 大家在想(今晚)喝什么。
dà jiā zài xiǎng (jīn wǎn) hē shén me。

다들 오늘 저녁에 무엇을 마실지 생각하고 있다.

단어 大家 dà jiā [명사] 다들   什么 shén me [대명사] 어떤, 무슨, 어느(의문을 나타냄)
一会儿 yí huìr [명사] 잠시, 잠깐 동안   讨论 tǎo lùn [동사] 토론하다

我/还/有/两个/PPT要做
wǒ/ hái/ yǒu/ liǎng gè/ PPT yào zuò

나는 아직 만들어야 할 PPT가 두 개 더 있다.

还는 두 가지 뜻으로 사용할 수 있습니다.

① 아직, 여전히(동작 혹은 상태는 변하지 않음) ② 그리고, ~도, 더

예문

1 **还没确定。** 아직 확정하지 않았다.
  hái méi què dìng。

2 **我还没看完。** 아직 다 못 봤다.
  wǒ hái méi kàn wán。

3 **哲修，小月还有我是一组。** 철수, 소월 그리고 나는 한 팀이다.
  zhé xiū , xiǎo yuè hái yǒu wǒ shì yì zǔ。

4 **我去买咖啡，还谁想喝?** 커피 사러 가는데, 누구 더 마실 분 있어요?
  wǒ qù mǎi kā fēi , hái shuí xiǎng hē?

咖啡 kā fēi [명사] 커피   **组** zǔ [명사] (소수의 인원으로 구성된) 조, 그룹, 팀
确定 què dìng [동사] 확정하다, 확실히 하다   **买** mǎi [동사] 사다, 구입하다
完 wán [동사] 완성하다, 마무르다

表情包(이모티콘)

表情包(biǎo qíng bāo, 이모티콘)은 이미지를 이용해 감정을 표현하는 방법으로 인터넷에서는 누구나 이모티콘을 사용합니다. 이모티콘을 적절한 타이밍에 보내면 백마디 말보다 더 유용하답니다.

친구, 부모님, 상사나 동료에게 보내는 이모티콘은 각각 다르며 친할수록 더 웃긴 이모티콘을 사용하는 듯합니다.

주어진 단어를 어순에 맞게 배열하세요.

예)

午休 时间 到 还没

▷ 还没到午休时间。

아직 점심시간이 되지 않았다.

1. 不 还 知道。

_____。 아직 몰라.

2. 两个人 还有 喝咖啡 想。

_____。 커피 마실 사람이 두 명 더 있다.

3. 时间 还有 吗?

_____? 아직 시간 있어?

讨厌的同事被炒鱿鱼了
tǎo yàn de tóng shì bèi chǎo yóu yú le

11

얄미운 동료가 해고당했다

가예의 일기

1月27日 星期二 天气：雪

讨厌的同事被炒鱿鱼了,
tǎo yàn de tóng shì bèi chǎo yóu yú le,

突然有点儿失落,
tū rán yǒu diǎnr shī luò,

他是一个优秀的对手。
tā shì yí gè yōu xiù de duì shǒu。

1월 27일 화요일 날씨: 눈

얄미운 동료가 해고당했다.
갑자기 기분이 꿀꿀하다.
그는 훌륭한 경쟁자였다.

讨厌的/同事/被/炒鱿鱼/了
tǎo yàn de/ tóng shì/ bèi/ chǎo yóu yú/ le

얄미운 동료가 해고당했다.

被자문: 被는 '~당하다', '~에게 ~당하다'라는 뜻의 개사(영어의 전치사와 비슷하게 동작의 방향, 처소, 대상을 가리키는 성분으로 한국에서는 조사가 거의 이 역할을 함)입니다. 被를 동사 앞에 쓰면 피동형이 되며 주동자는 생략이 가능합니다.

被자문 어순: A+被+B(주동자)+동사+a(기타 성분)

 예문

1 压岁钱被(妈妈)拿走了。 세뱃돈을 어머니께 빼앗겼다.
  yā suì qián bèi (mā ma) ná zǒu le。

2 钱包被(顾客)落在了商店。 이 지갑은 고객이 가게에 두고 간 것이다.
  qián bāo bèi (gù kè) là zài le shāng diàn。

3 我被(导游)带到了目的地。 가이드가 나를 목적지까지 데려다줬다.
  wǒ bèi (dǎo yóu) dài dào le mù dì dì。

 단어

压岁钱 yā suì qián [명사] 세뱃돈   导游 dǎo yóu [명사] 가이드
钱包 qián bāo [명사] 지갑   顾客 gù kè [명사] 고객
目的地 mù dì dì [명사] 목적지   带 dài [동사] 이끌다
拿走 ná zǒu [동사] 가지고 가다   落 là [동사] 빠뜨리다, 빠지다, 누락되다

突然/有点儿/失落
tū rán/ yǒu diǎnr/ shī luò

갑자기 기분이 좀 꿀꿀하다.

혼자 집에 있다 보면 불현듯 무서운 기분이 들 때가 있죠? 그럴 때 사용하면 좋은 표현입니다. '突然+有点儿+술어' 형태로, '갑자기 조금 ~ 하다'라고 사용할 수 있습니다.

예문

1 **突然有点儿失望**。 갑자기 조금 실망했다.
tū rán yǒu diǎnr shī wàng。

2 **突然有点儿紧张**。 갑자기 조금 긴장했다.
tū rán yǒu diǎnr jǐn zhāng。

3 **突然有点儿害怕**。 갑자기 조금 무섭다.
tū rán yǒu diǎnr hài pà。

단어 失落 shī luò [형용사] 정신이 공허한   失望 shī wàng [형용사] 실망한
紧张 jǐn zhāng [형용사] 긴장한   害怕 hài pà [형용사] 무서운
突然 tū rán [부사] 갑자기   有点儿 yǒu diǎnr [부사] 좀, 조금

他/是一个/优秀的/对手

tā/ shì yí gè/ yōu xiù de/ duì shǒu

그는 훌륭한 경쟁자였다.

앞에서 한 번 설명한 적이 있죠? '是~的'는 강조 문법입니다. 뒤쪽에 오는 사람이나 인물이 강조되는 효과가 있어요.

예문

1 **你是一个优秀的领导。** 당신은 우수한 리더다.
nǐ shì yí gè yōu xiù de lǐng dǎo。

2 **小王是一个优秀的职员。** 소왕은 우수한 직원이다.
xiǎo wáng shì yí gè yōu xiù de zhí yuán。

3 **哲修是一个优秀的人才。** 철수는 우수한 인재다.
zhé xiū shì yí gè yōu xiù de rén cái。

단어
对手 duì shǒu [명사] 상대　　领导 lǐng dǎo [명사] 리더
职员 zhí yuán [명사] 직원　　人才 rén cái [명사] 인재
优秀 yōu xiù [형용사] (품행, 학문, 성적 따위가) 우수한, 뛰어난

'해고하다'라는 뜻의 炒鱿鱼(chǎo yóu yú)는 직역하면 '오징어를 볶다'라는 뜻이에요. 옛날 중국에서는 돈을 벌려고 대도시에 가면 보통 공장이나 주인집에 들어가 숙식을 해결했기 때문에 자신이 누울 이불 하나만 등에 돌돌 말아서 매고 도시로 떠났다고 해요. 그러다 일자리를 잃으면 이불만 다시 돌돌 말아서 돌아왔다고 하네요. 이불을 돌돌 마는 모습이 마치 오징어를 볶는 모습과 비슷해 유래된 말이라고 합니다.

주어진 단어를 어순에 맞게 배열하세요.

예)

失落 有点儿 突然。

⟫ 突然有点儿失落。

갑자기 기분이 좀 꿀꿀하다.

1. 他 打了 被 哥哥。

_____。 그는 형에게 맞았다.

2. 他 骗了 导游 被。

_____。 그는 가이드에게 속았다.

3. 苹果 我 被 吃了。

_____。 내가 사과를 먹었다.

12 去年6月去过一次中国
qù nián liù yuè qù guo yí cì zhōng guó
작년 6월에 중국에 한 번 가본 적이 있다

| 포인트 | 동사+过: ~한 적이 있다
没+동사+过: ~한 적이 없다

 일두의 일기

9月13日 星期三 天气 : 微风

去年6月去过一次中国,
qù nián liù yuè qù guo yí cì zhōng guó,

最喜欢上海。
zuì xǐ huan shàng hǎi。

上海是经济, 文化发达的大都市。
shàng hǎi shì jīng jì , wén huà fā dá de dà dū shì。

9월 13일 수요일 날씨: 산들바람

작년 6월에 중국에 한 번 가본 적이 있다.
상하이를 제일 좋아한다.
상하이는 경제와 문화가 발달한 대도시다.

去年6月/去过/一次/中国
qù nián liù yuè/ qù guo/ yí cì/ zhōng guó

작년 6월에 중국에 한 번 가본 적이 있다.

'동사+过'는 '~한 적이 있다'라는 뜻으로 과거의 경험을 말할 때 사용합니다. 반대로 '没+동사+过'는 '~한 적이 없다'라는 부정의 뜻을 나타냅니다. 여기서 不는 붙일 수 없는데, 주관적인 것을 표현할 때만 사용해야 해서 그렇습니다. 과거의 경험을 '안 할 수'는 없기 때문입니다.

예문

1 **我没见过他, 不认识他。** 나는 그를 만난 적이 없고 그를 모른다.
   wǒ méi jiàn guo tā, bú rèn shi tā。

2 **我没想过。** 생각해본 적이 없다.
   wǒ méi xiǎng guo。

3 **他上大学时, 当过社团代表。** 그는 대학 시절 동아리 대표로 일했었다.
   tā shàng dà xué shí, dāng guo shè tuán dài biǎo。

단어 上大学时 shàng dà xué shí [명사] 대학 시절
社团 shè tuán [명사] 동아리
代表 dài biǎo [명사] 대표, 대표자   当~ dāng [동사] ~이 되다
见 jiàn [동사] 만나다   认识 rèn shi [동사] 알다, 인식하다

最/喜欢/上海
zuì/ xǐ huan/ shàng hǎi
상하이를 제일 좋아한다.

'最+동사+명사'는 '명사를 제일 ~하다(동사)'라는 의미입니다. 여기서 '제일'은 정도부사로, 가장 높은 자리를 차지합니다.

예문

1 **最感谢妈妈。** 어머니께 제일 감사하다.
zuì gǎn xiè mā ma。

2 **最了解妹妹。** 여동생을 제일 잘 안다.
zuì liǎo jiě mèi mei。

3 **最期待明天。** 내일을 제일 기대한다.
zuì qī dài míng tiān。

단어 上海 shàng hǎi [명사] 상하이 最 zuì [부사] 가장, 제일
喜欢 xǐ huan [동사] 좋아하다 感谢 gǎn xiè [동사] 감사하다
了解 liǎo jiě [동사] 알다 期待 qī dài [동사] 기대하다

83

上海/是/经济, 文化/发达的/大都市

shàng hǎi/ shì/ jīng jì, wén huà/ fā dá de/ dà dū shì

상하이는 경제와 문화가 발달한 대도시다.

이 문장은 앞에서 배운 是의 용법에 的를 더한 것으로, 'A+是+형용사+的+B'는 'A는 ~한(형용사) B'라는 뜻입니다.

예문

1 济州岛是风景美丽的地方。 제주도는 풍경이 아름다운 곳이다.
   jì zhōu dǎo shì fēng jǐng měi lì de dì fāng。

2 北京是历史悠久的城市。 북경은 역사가 오래된 도시다.
   běi jīng shì lì shǐ yōu jiǔ de chéng shì。

3 她是性格内向的女孩。 그녀는 성격이 내성적인 여자다.
   tā shì xìng gé nèi xiàng de nǚ hái。

经济 jīng jì [명사] 경제   文化 wén huà [명사] 문화   历史 lì shǐ [명사] 역사
大都市 dà dū shì [명사] 대도시   风景 fēng jǐng [명사] 풍경
性格 xìng gé [명사] 성격   历史 lì shǐ [명사] 역사
悠久 yōu jiǔ [형용사] 오래된, 긴   美丽 měi lì [형용사] 아름다운
内向 nèi xiàng [형용사] 내성적인   发达 fā dá [동사] 발달하다

번화한 도시를 선호한다면

베이징, 상하이, 홍콩, 광주, 심천 등에 가는 것이 좋고, 오리지널 중국어를 배우고 싶다면 북방지역의 도시에 가면 좋습니다.

비즈니스 혹은 취업을 하고 싶다면

베이징, 남방 혹은 연해도시로,

여유로운 삶을 살고 싶다면

충칭, 다리, 샤먼, 해남 등으로 가면 됩니다.

경치를 보러 가고 싶다면

신장, 네이멍구, 티베트, 쓰촨, 윈난 등의 도시로 가면 되고,

역사적인 도시로는

베이징, 시안, 난징 등이 있습니다.

맛있는 것을 먹으러 간다면

어디든 괜찮습니다.

중국의 모든 곳이 실망시키지 않을 것입니다.

주어진 단어를 어순에 맞게 배열하세요.

예)

去过 没 中国 我。

▷ 我没去过中国。

　　나는 중국에 가본 적이 없다.

1. 我 你 过 喜欢。

_____。　나는 너를 좋아한 적이 있다.

2. 你 他的公司 见过 的 代表 吗?

_____?

네가 그 사람 회사 대표를 만난 적이 있어?

3. 说过 对她 你 吗?

_____?　그 사람에게 말 해본 적 있어?

好像听过
wǒ hǎo xiàng tīng guo
들어본 것 같다

13

| 포인트 | 好像: ~하는 것 같아, 像 ~一样: ~한 것처럼
A 像 B: A가 B를 닮았다
像 ~这样 or 那样: 이처럼, 그처럼

 가예의 일기

9月16日 星期六 天气 : 晴

咖啡厅里放的歌,
kā fēi tīng lǐ fàng de gē,

我好像听过,
wǒ hǎo xiàng tīng guo,

但是忘了是谁唱的。
dàn shì wàng le shì shuí chàng de。

9월16일 토요일 날씨: 맑음

커피숍에서 울리는 노래
어디서 들어본 것 같다.
그런데 누가 불렀는지 기억이 나질 않아.

咖啡厅/里/放的/歌
kā fēi tīng/ lǐ/ fàng de/ gē
커피숍에서 울리는 노래

이번에 배울 구조는 'A(장소)에서 ~한(동사) B(명사)'입니다. 여기서 里는 원래 '안쪽'이라는 뜻이지만 이 구조에서는 조사처럼 사용돼 '~에서'라는 의미를 띕니다. 만약 里가 없으면 '커피숍이' 노래한다는 뜻이 돼요.

예문

1 **学校食堂里做的菜。** 교내식당에서 만든 요리.
xué xiào shí táng lǐ zuò de cài。

2 **免税店里买的化妆品。** 면세점에서 산 화장품.
miǎn shuì diàn lǐ mǎi de huà zhuāng pǐn。

3 **网上订的房间。** 인터넷으로 예약한 방.
wǎng shàng dìng de fáng jiān。

> **잠깐!** '上'은 원래 위라는 뜻이지만 여기서는 '~에서'라는 조사처럼 사용됐습니다. 上이 없으면 인터넷이 방을 '직접' 예약한다는 뜻이 됩니다.

단어 咖啡厅 kā fēi tīng [명사] 커피숍   化妆品 huà zhuāng pǐn [명사] 화장품
歌 gē [명사] 노래   免税店 miǎn shuì diàn [명사] 면세점
放 fàng [동사] (소리·빛 따위를) 발하다, 내다   订 dìng [동사] 주문하다, 예약하다

我/好像/听/过
wǒ/ hǎo xiàng/ tīng/ guo

어디서 들어본 것 같다.

'~한 것 같다'라는 표현은 한국에서는 많이 사용하지만 중국에서는 그다지 많이 사용하지 않아요. 그래도 어떻게 표현하는지 알아두면 좋겠죠? '好像'은 '~하는 것 같아', '像 ~一样'은 '~한 것처럼', 'A 像 B'는 'A가 B를 닮았다'라는 뜻입니다. 예문을 보면서 알아봅시다.

예문

1 **我很冷, 好像感冒了。** 엄청 추워서 감기 몸살이 난 것 같아.
  wǒ hěn lěng , hǎo xiàng gǎn mào le。

2 **像中枪了一样。** 총 맞은 것처럼.
  xiàng zhòng qiāng le yí yàng。

3 **我性格像妈妈。** 내 성격은 엄마를 닮았다.
  wǒ xìng gé xiàng mā ma。

4 **她像疯子一样。** 그녀는 또라이 같다.
  tā xiàng fēng zi yí yàng。

 感冒 gǎn mào [명사] 감기 [동사] 감기 걸리다   枪 qiāng [명사] 총
疯子 fēng zi [명사] 미친놈(또라이)   性格 xìng gé [명사] 성격
冷 lěng [형용사] 추운   中 zhòng [동사] 맞히다, 맞다, 받다

但是/忘了/是谁/唱的
dàn shì/ wàng le/ shì shuí/ chàng de

그런데 누가 불렀는지 기억이 나질 않아.

'但是'은 '그런데', '그렇지만', '그러나' 등 화제를 전환할 때 사용하는 접속사입니다. 是은 생략할 수 있어요.

예문

1 **但是忘了是谁告诉的。**
dàn shì wàng le shì shuí gào su de。
그런데 누가 얘기했는지 기억이 나질 않는다.

2 **但是忘了是谁让的。**
dàn shì wàng le shì shuí ràng de。
그런데 누가 하라고 했는지 기억이 나질 않는다.

3 **但是忘了是谁选的。**
dàn shì wàng le shì shuí xuǎn de。
그런데 누가 선택했는지 기억이 나질 않는다.

 단어
但是 dàn shì [접속사] 그러나, 그렇지만   忘 wàng [동사] 잊다
唱 chàng [동사] 노래하다   告诉 gào su [동사] 알려주다
让 ràng [동사] 시키다, 하라고 하다   选 xuǎn [동사] 선택하다

- **特朗普** tè lǎng pǔ 트럼프
- **宝马** bǎo mǎ BMW
- **奔驰** bēn chí 벤츠
- **苹果** píng guǒ 애플
- **迪奥** dí ào 디올
- **咖啡** kā fēi 커피
- **巧克力** qiǎo kè lì 초콜릿
- **香槟** xiāng bīn 샴페인
- **芒果** máng guǒ 망고
- **巴士** bā shì 버스

중국어 외래어는 트럼프나 커피, 초콜릿처럼 원래 한자가 가진 의미와는 상관없이 발음만 맞춘 경우가 있는가 하면 BMW, 벤츠처럼 발음과 의미가 모두 맞는 경우도 있고, 애플처럼 뜻만 맞는 경우도 있습니다. 독특하죠?

주어진 단어를 어순에 맞게 배열하세요.

예)

听过 我 好像。

⫶▸ 我好像听过。

　　어디서 들어본 것 같다.

1. 他 我是谁 忘了 好像。

_____ 。

그 사람은 내가 누구인지 잊어버린 것 같다.

2. 她 一样 我姐姐 像。

_____ 。　　그 사람은 내 언니 같아.

3. 像谁 性格 你的?

_____ ?　　당신 성격은 누구를 닮았어?

14 双胞胎
shuāng bāo tāi
쌍둥이

|포인트| 的, 地, 得 학습하기

일두의 일기

9月11日 星期二 天气：阴

他们是双胞胎。
tā men shì shuāng bāo tāi。

长得像，
zhǎng de xiàng，

性格正相反。
xìng gé zhèng xiāng fǎn。

9월 11일 화요일 날씨: 흐림

그들은 쌍둥이다.
생긴 것이 닮았다.
성격은 정반대다.

他们/是/双胞胎
tā men/ shì/ shuāng bāo tāi

그들은 쌍둥이다.

아주 익숙한 'A 是 B' 구조입니다. 'A는 B다'죠. 관계를 설명할 때도 사용
할 수 있어요.

예문

1 **我们是一体的。** 우리는 하나다.
   wǒ men shì yì tǐ de。

2 **他们是合作伙伴。** 우리는 협력 파트너다.
   tā men shì hé zuò huǒ bàn。

3 **我们是一家人。** 우리는 한 가족이다.
   wǒ men shì yì jiā rén。

 他们] tā men [대명사] 그들   双胞胎 shuāng bāo tāi [명사] 쌍둥이
伙伴 huǒ bàn [명사] 파트너, 친구   家人 jiā rén [명사] 한 집안 식구
合作伙伴 hé zuò huǒ bàn [명사] 사업·협력 파트너

长得/像
zhǎng de/ xiàng
생긴 것이 닮았다.

的는 '~의', '~하는', '~한', 地는 '~하게', 得은 결과나 정도를 나타내는 조사입니다. 기본적으로 아래 법칙만 잘 기억하면 아주 쉬워요. 예문으로 확실하게 익혀봅시다.

예문

1 관형어+的+목적어: ~的+명사

这是我最喜欢的歌。 내가 가장 좋아하는 노래다.
zhè shì wǒ zuì xǐ huan de gē。

2 부사어+地+서술어: ~地+동사

她开心地笑了。 그녀는 즐겁게 웃었다.
tā kāi xīn de xiào le。

3 서술어+得+정도보어: ~得+형용사

李选手滑得最快！ 이 선수가 스케이트를 가장 빠르게 탄다!
lǐ xuǎn shǒu huá de zuì kuài！

开心 kāi xīn [형용사] 유쾌한, 즐거운
快 kuài [형용사] (속도가) 빠른 ↔ 慢 màn [형용사] 느린
笑 xiào [동사] 웃다　滑 huá [동사] (스키를) 타다

性格/正相反
xìng gé/ zhèng xiāng fǎn
성격은 정반대다.

성격이 완전히 다르면 '正相反', 같으면 '相同'을 사용합니다.

예문

1 **结果正相反。** 결과가 정반대다.
   jié guǒ zhèng xiāng fǎn。

2 **意见正相反。** 의견이 정반대다.
   yì jiàn zhèng xiāng fǎn。

3 **方向正相反。** 방향이 정반대다.
   fāng xiàng zhèng xiāng fǎn。

 단어

性格 xìng gé [명사] 성격   **结果** jié guǒ [명사] 결과   **意见** yì jiàn [명사] 의견
方向 fāng xiàng [명사] 방향   **正相反** zhèng xiāng fǎn [형용사] 정반대인

중국에서는 명절마다 다른 전통 음식을 먹습니다.

- 설날에는 북방에서는 만두(饺子 jiǎo zi)를, 남쪽에서는 탕원(汤圆 tāng yuán, 달콤한 떡 종류)을 먹습니다.

- 단오에는 쫑쯔(粽子 zòng zi)를 먹고, 추석에는 월병(月饼 yuè bǐng) 을 먹습니다.

- 환절기에도 먹는 음식이 따로 있는데, 입춘에는 춘장(春饼 chūn bǐng)을, 섣달대보름에는 죽(粥 zhōu)을 먹습니다.

주어진 단어를 어순에 맞게 배열하세요.

예)

双胞胎 得 很像 长。

⫶ 双胞胎长得很像。

쌍둥이가 매우 닮았다.

1. 唱歌 他们 开心地。

_____ 。 그들은 신나게 노래를 부른다.

2. 我 很快 忘得。

_____ 。 나는 빨리 잊는다.

3. 很好 性格 她的。

_____ 。 그녀는 성격이 아주 좋다.

我以为是战争爆发了
wǒ yǐ wéi shì zhàn zhēng bào fā le

나는 전쟁이 터진 줄 알았다

|포인트| 以为: ~인 줄 알았다, 认为: ~라고 여기다,
觉得: ~라고 느끼다, 想: 생각하다

 일두의 일기

2月10日 星期二 天气 : 晴

早晨，我被战斗机的声音吓醒了。
zǎo chén, wǒ bèi zhàn dòu jī de shēng yīn xià xǐng le.

我以为是战争爆发了。
wǒ yǐ wéi shì zhàn zhēng bào fā le.

其实是军事演习。
qí shí shì jūn shì yǎn xí.

2월 10일 화요일 날씨: 맑음

오늘 아침, 전투기 소리에 놀라 잠에서 깼다.
나는 전쟁이 터진 줄 알았다.
사실은 군사훈련이었다.

早晨, /我/被/战斗机的/声音/吓醒了

zǎo chén , /wǒ/ bèi/ zhàn dòu jī de/ shēng yīn/ xià xǐng le

오늘 아침, 전투기 소리에 놀라 잠에서 깼다.

'주어+被+주동자+동사+了(과거 혹은 변화)'의 형식입니다. 앞에서도 배운 被(~당하다)자문이에요. 전투기 소리 때문에 잠에서 '깨어졌'기 때문에 被 자문을 사용합니다.

예문

1 晚上, 我被孩子的哭声吵醒了。

wǎn shàng , wǒ bèi hái zi de kū shēng chǎo xǐng le。

저녁에 애기 울음소리가 시끄러워서 잠에서 깼다.

2 今天, 我被邻居的噪音吵醒了。

jīn tiān , wǒ bèi lín jū de zào yīn chǎo xǐng le。

오늘 이웃이 내는 소음이 시끄러워서 잠에서 깼다.

3 刚才, 我被你的电话吵醒了。

gāng cái , wǒ bèi nǐ de diàn huà chǎo xǐng le。

방금 당신의 전화(벨소리)에 놀라서 잠에서 깼다.

早晨 zǎo chén [명사] (이른) 아침   战斗机 zhàn dòu jī [명사] 전투기
声音 shēng yīn [명사] 소리   哭声 kū shēng [명사] 울음소리
噪音 zào yīn [명사] 소음   醒 xǐng [동사] 깨다
吓 xià [동사] 놀라게 하다   吵 chǎo [동사] 떠들어대다

我/以为/是/战争/爆发/了
Wǒ/ yǐ wéi/ shì/ zhàn zhēng/ bào fā/ le

나는 전쟁이 터진 줄 알았다.

'以为(~인 줄 알았다)', '认为(~라고 여기다)', '觉得(~라고 느끼다)', '想(생각하다)'는 사람 혹은 사물에 대한 자신의 판단을 표현하는 말입니다. 그중 以为는 잘못된 판단을 뜻하고, 想은 판단보다는 '바라다', '희망하다', '계획하다', '~하고 싶다', '~하려고 하다', '~할 작정이다'라는 뜻이 포함돼 있습니다. 한국어 단어처럼 생각하면 구분하기 쉬울 거예요.

예문

1 **我以为他已经走了。** 나는 그가 간 줄 알았어.
  wǒ yǐ wéi tā yǐ jīng zǒu le。

2 **我认为(觉得)他不会来参加同学聚会。**
  wǒ rèn wéi (jué de) tā bú huì lái cān jiā tóng xué jù huì。
  나는 그가 동창회 모임에 안 올 것이라고 생각해.

3 **我想他是知道的。** 나는 그가 알 것이라고 생각한다.
  wǒ xiǎng tā shì zhī dào de。

同学 tóng xué [명사] 동창   聚会 jù huì [명사] 모임
已经 yǐ jīng [부사] 이미, 벌써   走 zǒu [동사] 움직이다, 이동하다
参加 cān jiā [동사] (어떤 모임이나 일에) 참가하다

其实/是/军事演习
qí shí/ shì/ jūn shì yǎn xí
사실은 군사훈련이었다.

'其实(사실은)'은 보통 문장 앞에 씁니다.

예문

1 **其实是普通关系。** 사실은 보통 관계다(아무 관계 아니다).
　 qí shí shì pǔ tōng guān xì。

2 **其实是玩笑。** 사실은 농담이다.
　 qí shí shì wán xiào。

3 **其实是广告。** 사실은 광고다.
　 qí shí shì guǎng gào。

 단어 军事演习 jūn shì yǎn xí [명사] 군사훈련, [동사] 군사훈련하다
关系 guān xì [명사] 관계　玩笑 wán xiào [명사] 농담
广告 guǎng gào [명사] 광고　普通 pǔ tōng [형용사] 일반적인
其实 qí shí [부사] (그러나) 사실은, 실제는

많은 나라가 술 마시는 연령을 규제하고 있죠. 한국은 만 19세 미만의 청소년이 술을 마시면 안 되고, 청소년에게 술을 팔아서도 안 됩니다. 미국과 일본은 각각 21세, 20세가 제한 연령입니다.

하지만 중국 법은 연령 규정이 명확하지 않아요. 다만 미성년자 보호법에 따라 보호자는 미성년자의 건강을 관리할 책임이 있으며 음주, 흡연 등을 하지 않도록 지도하라고 규정하고 있습니다.

빈칸에 알맞은 단어를 쓰세요.

以为　　想　　觉得

1. 我＿＿＿你不来了。

당신이 안 온 줄 알았다.

2. 他＿＿＿参加这个聚会。

그는 이 파티에 참가하고 싶어 한다.

3. 我＿＿＿他的声音很有魅力。

그 사람의 목소리가 매력적이라고 생각한다.

16

比上次好一点儿
bǐ shàng cì hǎo yì diǎnr

지난번보다 조금 나아졌다

| 포인트 | 비교문: A+比+B+형용사+(정도의 차이)
和~比,+결론

 일두의 일기

9月25日 星期二 天气 : 阴

结果出来了。
jié guǒ chū lái le。

比上次好一点儿,
bǐ shàng cì hǎo yì diǎnr,

和第一名比, 还差得远呢~
hé dì yī míng bǐ, hái chà de yuǎn ne~

9월 25일 화요일 날씨: 흐림

결과가 나왔다.
지난번보다 조금 나아졌다.
1등과 비교하면 아직 멀었다~

结果/出来/了
jié guǒ/ chū lái/ le

결과가 나왔다.

出来는 '(안에서) 나오다', '(얼굴을) 내밀다', '출현하다', '발생하다' 등 여러 가지 뜻이 있습니다. 예문에서 확인해보세요. 또한 앞에서 배웠듯이 了는 과거(혹은 변화)를 나타냅니다.

예문

1 **主演出来了。** 주인공이 나왔다.
   zhǔ yǎn chū lái le。

2 **分数出来了。** 점수가 나왔다.
   fēn shù chū lái le。

3 **太阳出来了。** 태양이 나왔다.
   tài yáng chū lái le。

단어   结果 jié guǒ [명사] 결과   太阳 tài yang [명사] 태양   主演 zhǔ yǎn [명사] 주인공
       分数 fēn shù [명사] 점수   出来 chū lái [동사] 나오다

比/上次/好/一点儿
bǐ/ shàng cì/ hǎo yì diǎnr

지난번보다 조금 나아졌다.

많이 사용하는 비교 표현법을 예문과 함께 알아봅시다.

예문

1 A+比+B+형용사+정도의 차이: A는 B보다 (어느 정도) ~하다(형용사)

1) 爸爸的力气比妈妈的力气大得多。
bà ba de lì qi bǐ mā ma de lì qi dà de duō。
아빠는 엄마보다 힘이 훨씬 세다.

2) 我比他多喝了一瓶。 나는 그보다 한 병 더 마셨다.
wǒ bǐ tā duō hē le yì píng。

2 和~比,+결론

和上个月比, 他这个月的工资更多。
hé shàng gè yuè bǐ, tā zhè gè yuè de gōng zī gèng duō。
지난달보다 이번 달 월급이 더 많다.

| 잠깐! | '上'은 원래 위라는 뜻이지만 여기서는 '~에서'라는 조사처럼 사용됐습니다. 上이 없으면 인터넷이 방을 '직접' 예약한다는 뜻이 됩니다. |

力气 lì qi [명사] (육체적인) 힘   工资 gōng zī [명사] 임금
这个 zhè gè [명사] 이번, 이것   上个 shàng gè [형용사] 지난
瓶 píng [양사] 병   喝 hē [동사] 마시다

和/第一名/比, /还差得远呢
Hé/ dì yī míng/ bǐ , /hái chà de yuǎn ne
1등과 비교하면 아직 멀었다.

'和+A(명사)+比'는 'A와 비교하면'이라는 뜻입니다. '还差得远呢'는 관용어처럼 '아직 멀었다'라는 뜻으로 쓰이는데, 겸손하라는 의미입니다.

예문

1 和目标比, 还差得远呢。 목표와 비교하면 아직 멀었다.
　 hé mù biāo bǐ , hái chà de yuǎn ne。

2 和您比, 还差得远呢。 당신과 비교하면 아직 멀었다.
　 hé nín bǐ , hái chà de yuǎn ne。

3 和最好的时候比, 还差得远呢。
　 hé zuì hǎo de shí hou bǐ , hái chà de yuǎn ne。
　 제일 좋을 때와 비교하면 아직 멀었다.

目标 mù biāo [명사] 목표　　第一名 dì yī míng [명사] 1위, 1등
差 chà [형용사] 부족한　　远 yuǎn [형용사] 먼
呢 ne [조사] 사실을 확인하는 의미의 어미　　和~ hé [조사] ~와

我也。 wǒ yě 나도. (×)

중국에서 생활하는 한국인들도 이 실수를 많이 하는데, '我也'는 완전한 문장이 아닙니다. 그래서 상대방이 그냥 "我也"라고만 말하면 중국인들은 그가 말을 다 하지 않았다고 생각합니다. '我也+동사'가 완전한 문장입니다.

정확한 문장은 다음과 같습니다.

- **我也是。** wǒ yě shì 나도.
- **我也去。** wǒ yě qù 나도 간다.
- **我也想。** wǒ yě xiǎng 나도 하고 싶다.

빈칸에 알맞은 단어를 쓰세요.

没有　比　一点儿　更

1. 她_____我大。

그녀는 나보다 크다.

2. 她_____我高。

그녀는 나만큼 크지 않다.

3. 和她比, 我的中文_____好。

그녀와 비교하자면 내가 중국어를 더 잘한다.

4. 我比她知道的词多_____。

나는 그녀보다 아는 단어가 많다.

17

去欧洲旅行的时候
qù ōu zhōu lǚ xíng de shí hou

유럽 여행 갔을 때

| 포인트 | ~을 때: 동사 or 형용사+ 的时候=동사 or 형용사+ 时

 일두의 일기

1月30日 星期二 天气：多云

去欧洲旅行的时候，
qù ōu zhōu lǚ xíng de shí hou,

我的手机丢了。
wǒ de shǒu jī diū le。

真倒霉!
zhēn dǎo méi!

1월 30일 화요일 날씨: 구름

유럽 여행 갔을 때
휴대폰을 잃어버렸다.
정말 재수 없다!

去/欧洲旅行/的时候
Qù/ ōu zhōu lǚ xíng/ de shí hou
유럽 여행 갔을 때

'~을 때'는 '동사 or 형용사+的时候'의 구조로 표현합니다. 또 '동사 or 형용사+时'라고도 쓸 수 있죠. 그런데 한국 학생들이 이 문법을 자주 틀려요. 예를 들어 '밥 먹을 때'를 한국식으로 '吃饭的时'라고 쓰는 경우가 많은데, 틀린 표현이에요. 的时候 혹은 时만 사용해야 해요.

- 吃饭的时候（√）
- 吃饭时（√）

예문

1 **压力大的时候, 我很想去旅行。**
   yā lì dà de shí hou, wǒ hěn xiǎng qù lǚ xíng。
   스트레스가 심할 때는 여행을 떠나고 싶다.

2 **上大学的时候, 我做了很多兼职。**
   shàng dà xué de shí hou, wǒ zuò le hěn duō jiān zhí。
   대학 다닐 때 아르바이트를 많이 했다.

3 **日出的时候上班, 日落的时候下班。**
   rì chū de shí hou shàng bān, rì luò de shí hou xià bān。
   해가 뜰 때 출근하고, 해가 질 때 퇴근한다.

压力 yā lì [명사] 스트레스　日出 rì chū [명사] 일출 [동사] 해가 뜨다
日落 rì luò [명사] 일몰 [동사] 해가 지다
兼职 jiān zhí [명사] 아르바이트 [동사] 아르바이트하다

我的/手机/丢了

wǒ de/ shǒu jī/ diū le

휴대폰을 잃어버렸다.

이번 문장은 '我的(나의)/手机(휴대폰)/丢(잃어버리다)了(과거형)' 구조입니다.
요즘은 휴대폰을 잃어버리면 매우 큰일이죠. 예문을 통해 곤란한 상황에
서 쓸 수 있는 표현을 알아봐요.

예문

1 **小丽的钱包丢了。** 소려의 지갑을 잃어버렸다.
xiǎo lì de qián bāo diū le。

2 **他的电脑坏了。** 그의 컴퓨터가 고장났다.
tā de diàn nǎo huài le。

3 **你的假睫毛掉了。** 당신의 가짜 속눈썹이 떨어졌다.
nǐ de jiǎ jié máo diào le。

手机 shǒu jī [명사] 휴대폰   睫毛 jié máo [명사] 속눈썹
钱包 qián bāo [명사] 지갑   电脑 diàn nǎo [명사] 컴퓨터
假 jiǎ [명사] 거짓, 가짜 [형용사] 거짓의, 가짜의
坏 huài [형용사] 고장난, 망친 [동사] 고장나다, 망치다
丢 diū [동사] 잃다, 잃어버리다   掉 diào [동사] 떨어지다

真/倒霉
Zhēn/ dǎo méi
정말 재수 없다!

항상 좋은 일만 있지는 않겠죠. 기분 나쁜 자신의 마음을 토로하는 것도 일기의 좋은 기능입니다. 기분 나빴던 일을 표현하는 법을 알아봅시다. 真(정말)을 앞에 쓰면 기분을 더 강조할 수 있습니다.

예문

1 **真恶心!** 정말 징그럽다!
   zhēn ě xin!

2 **真做作!** 정말 가식적이다!
   zhēn zuò zuò!

3 **真糊涂。** 정말 멍청하다.
   zhēn hú tu.

 恶心 ě xin [명사] 구역질 [동사] 구역질나다, 징그럽다
做作 zuò zuò [명사] 가식 [동사] 가식적이다   倒霉 dǎo méi [형용사] 재수 없는
糊涂 hú tu [형용사] 어리석은, 멍청한   真 Zhēn [부사] 정말(로)

많은 외국인이 중국인은 종교를 가질 수 없다고 알고 있어요. 심지어 종교를 믿으면 법에 위반되는 것이라고 생각해요.

사실 중국인은 신앙생활을 할 수 있을 뿐 아니라 그 종류도 다양해요. 불교, 기독교, 이슬람교, 마조(妈祖, 중국 남방 연해[沿海] 및 남양[南洋] 일대에서 신봉하는 여신) 등을 믿어요. 덕분에 외국인 관광객이 자주 찾는 유명 종교 관광지도 많습니다. 예를들면 브탈라 궁전, 소림사와 같은 곳이 있죠. 하지만 이익을 얻으려고 사이비 종교를 전파하는 행동은 법적 제재를 받을 수밖에 없어요.

또한 외국인도 중국 당국의 허락을 받으면 종교활동을 할 수 있습니다. 다만 지정된 장소에서만 하라고 당국에서 요청할 수도 있답니다.

빈칸에 알맞은 단어를 쓰세요.

的时候/时　　旅行　压力　　兼职　　手机

1. 上大学____, 我做了几个____, ____很大。

대학교 다닐 때 알바를 몇 개 했는데, 스트레스가 많았다.

2. 弟弟喜欢____。他的____里, 都是旅行的app。

동생은 여행을 좋아한다. 휴대폰에 전부 여행 관련 어플이다.

还是吃自助餐吧
hái shì chī zì zhù cān ba

뷔페를 먹는 것이 더 낫겠다

18

| 포인트 | 선택하기: 还是와 或者
还是 ~吧 or 好: ~하는 것이 낫다, 아무래도 ~하는 편이 좋겠다

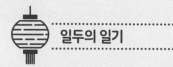

일두의 일기

11月23日 星期日 天气 : 晴

今天全家人一起出去吃饭
jīn tiān quán jiā rén yì qǐ chū qù chī fàn。

吃中餐还是西餐?
chī zhōng cān hái shì xī cān?

还是吃自助餐吧!
hái shì chī zì zhù cān ba !

11월 23일 일요일 날씨: 맑음

오늘은 온 가족이 함께 외식하러 나간다.
중식을 먹는 것이 좋을까 아니면 양식을 먹는 것이 좋을까?
뷔페를 먹는 것이 더 낫겠다!

今天/全家人/一起/出去吃饭
jīn tiān/ quán jiā rén/ yì qǐ/ chū qù chī fàn

오늘은 온 가족이 함께 외식하러 나간다.

이번에 배울 문법은 '모두 함께 ~한다'라는 표현이에요. 가족이라면 함께 외식을 해야겠죠? 외식이 한자어라 중국에서도 '外食'이라고 할 것 같지만 '出去吃饭'이라고 해요. '出去(나가다) + 吃饭(밥 먹다) = 외식하다'랍니다.

예문

1 3天后全公司一起聚餐。 3일 뒤에 회사 전체가 같이 회식한다.
   sān tiān hòu quán gōng sī yì qǐ jù cān。

2 明天全班一起体检。 내일 반 전체가 (같이) 신체검사를 한다.
   míng tiān quán bān yì qǐ tǐ jiǎn。

3 后天全校一起开运动会。 모레 학교 (전체) 운동회가 열린다.
   hòu tiān quán xiào yì qǐ kāi yùn dòng huì。

단어 体检 tǐ jiǎn [명사] 신체검사   运动会 yùn dòng huì [명사] 운동회
      全 quán [형용사] 전체의, 모든   一起 yì qǐ [부사] 같이   聚餐 jù cān [동사] 회식하다
      出去吃饭 chū qù chī fàn [동사] 외식하다   开 kāi [동사] 열다, 펼치다

吃/中餐/还是/西餐
Chī/ zhōng cān/ hái shì/ xī cān
중식을 먹는 것이 좋을까 아니면 양식을 먹는 것이 좋을까?

살다 보면 결정을 내려야 할 때가 많이 있죠. 이거 할까 아니면 저거 할까? 그때 사용하는 말이에요.

예문

1 **坐地铁还是打车?** 지하철 탈까 아니면 택시 탈까?
zuò dì tiě hái shì dǎ chē?

2 **吃美食还是减肥?** 맛있는 것을 먹을까 아니면 다이어트할까?
chī měi shí hái shì jiǎn féi?

3 **逛街还是在家休息?** 쇼핑할까 아니면 집에서 쉴까?
guàng jiē hái shì zài jiā xiū xi?

 단어 中餐 zhōng cān [명사] 중국요리　西餐 xī cān [명사] 양식
打车 dǎ chē [명사] 택시　美食 měi shí [명사] 미식　地铁 dì tiě [명사] 지하철
还是 hái shì [접속사] 또는, 아니면　坐 zuò [동사] 앉다, 타다
减肥 jiǎn féi [동사] 살을 빼다　休息 xiū xi [동사] 쉬다
逛街 guàng jiē [동사] 거리를 돌아다니다, 쇼핑하다

还是/吃/自助餐/吧
hái shì/ chī/ zì zhù cān/ ba
뷔페를 먹는 것이 더 낫겠다!

두 가지 혹은 그 이상의 사물이나 사람 중 하나를 선택할 때 还是이나 或者를 사용하는데, 이 두 단어는 '아니면', '또는'으로 뜻은 같지만 还是는 의문문에, 或者는 평서문에 많이 쓰입니다. 어법 '还是~吧'도 자주 사용하는데, '~하는 것이 낫다', '아무래도 ~하는 편이 좋겠다'라는 뜻입니다. 여기서 문장 끝에 붙는 吧는 요구, 명령하는 뉘앙스를 만듭니다.

 예문

1 **你喜欢游泳还是打高尔夫?**
nǐ xǐ huan yóu yǒng hái shì dǎ gāo ěr fū?
수영을 좋아해 아니면 골프치는 걸 좋아해?

2 **我不喜欢男生抽烟或者喝酒。**
wǒ bù xǐ huan nán shēng chōu yān huò zhě hē jiǔ。
나는 남자가 담배를 피우거나 술을 마시는 걸 싫어해.

3 **还是算了吧。** 그냥 됐어(포기하는 것이 낫겠다).
hái shì suàn le ba。

 단어
高尔夫 gāo ěr fū [명사] 골프   或者 huò zhě [접속사] ~(이)거나
喜欢 xǐ huan [동사] 좋아하다   游泳 yóu yǒng [동사] 수영하다
抽烟 chōu yān [동사] 담배 피우다   喝酒 hē jiǔ [동사] 술 마시다

중국요리라고 하면 흔히 자장면(炸酱面 zhá jiàng miàn)을 떠올리죠. 자장면은 베이징에서 제일 먼저 시작됐습니다. 炸酱 zhá jiàng 은 '장을 볶는다'는 뜻으로, 장을 면과 제철 채소와 함께 볶으면 향이 더욱 향기로워지고 영양도 많다고 합니다. 1882년에 인천에 주둔한 청나라 군인이 자장면을 한국으로 가져와 우리 입맛에 맞게 바꾸면서 한국식 자장면이 탄생했다고 하네요.

빈칸에 알맞은 단어를 쓰세요.

或者　　再　　还是

1. 下次_____见！

다음에 또 만나요!

2. 你想吃中餐_____西餐？

중국 음식 먹고 싶어 아니면 양식 먹고 싶어?

3. 星期天爸爸做饭_____出去吃饭。

일요일에는 아빠께서 밥을 하시거나 나가서 먹는다.

19

先跑步，然后洗澡
xiān pǎo bù , rán hòu xǐ zǎo
조깅을 하고 난 다음에 샤워를 한다

| 포인트 | 先~ 然后~: 먼저~ 다음에~

일두의 일기

10月26日 星期四 天气：晴

保持运动的好习惯很重要，
bǎo chí yùn dòng de hǎo xí guàn hěn zhòng yào,

先跑步，然后洗澡。
xiān pǎo bù , rán hòu xǐ zǎo。

别提多舒服了！
bié tí duō shū fu le !

10월 26일 목요일 날씨: 맑음

운동을 하는 좋은 습관을 유지하는 것이 중요하다.
조깅을 하고 난 다음에 샤워를 하면
얼마나 개운한지 모른다!

保持/运动的/好习惯/很重要
bǎo chí/ yùn dòng de/ hǎo xí guàn/ hěn zhòng yào

운동을 하는 좋은 습관을 유지하는 것이 중요하다.

한국어에서는 어떤 상태나 상황을 그대로 보존하거나 변함없이 계속해 지켜내는 것을 통틀어 '유지'라고 하지요? 중국어에서는 상황에 따라 다른 말을 쓴답니다. 保持는 좋은 것을 계속 유지하는 것. 나쁜 의미에 사용하면 안 됩니다. 坚持는 시작한 것을 끝까지 해내는 것이고, 维持는 지금 상황을 더 나쁘지 않게 유지하는 것입니다

 예문

1 **保持饮酒的适量很重要。** 적당한 음주량을 유지하는 것이 중요하다.
bǎo chí yǐn jiǔ de shì liàng hěn zhòng yào。

2 **保持身体的健康很重要。** 신체 건강을 유지하는 것이 중요하다.
bǎo chí shēn tǐ de jiàn kāng hěn zhòng yào。

3 **保持情绪的稳定很重要。** 안정적인 정서를 유지하는 것이 중요하다.
bǎo chí qíng xù de wěn dìng hěn zhòng yào。

 단어

稳定 wěn dìng [명사] 안정 [형용사] 안정적인　习惯 xí guàn [명사] 습관, 버릇
运动 yùn dòng [명사] 운동 [동사] 운동하다　适量 shì liàng [명사] 적량
健康 jiàn kāng [명사] 건강　保持 bǎo chí [동사] 지키다, 유지하다

先/跑步, /然后/洗澡
xiān/ pǎo bù , /rán hòu/ xǐ zǎo
조깅을 하고 난 다음에 샤워를 한다.

보통 샤워를 하고 조깅을 할까요, 조깅을 하고 샤워를 할까요? '先~然后~'는 일의 순서를 정하는 말이에요.

 예문

1 **我总是先敷面膜, 然后睡觉。** 나는 항상 팩을 먼저 하고 잔다.
   wǒ zǒng shì xiān fū miàn mó, rán hòu shuì jiào。

2 **先化妆, 然后我们一起去club。**
   xiān huà zhuāng , rán hòu wǒ men yì qǐ qù club。
   화장하고 난 다음에 클럽에 가자.

3 **先坐地铁, 然后步行到公司。** 지하철을 탄 후 걸어서 회사에 간다.
   xiān zuò dì tiě , rán hòu bù xíng dào gōng sī。

4 **我们先吃饭, 然后去看电影吧。**
   wǒ men xiān chī fàn , rán hòu qù kàn diàn yǐng ba。
   우리 일단 밥 먹고 나서 영화 보러 가자.

 단어
地铁 dì tiě [명사] 지하철   总是 zǒng shì [부사] 늘, 줄곧
睡觉 shuì jiào [동사] 자다   坐 zuò [동사] (탈 것에) 타다
步行 bù xíng [동사] 걸어서 가다   敷面膜 fū miàn mó [동사] 팩을 하다
化妆 huà zhuāng [동사] 화장하다

别提多/舒服/了
bié tí duō/ shū fu/ le

얼마나 개운한지 모른다.

일기에는 감정을 많이 표현하죠? 이번에는 '얼마나 ~한지 모른다'입니다.
이를 표현하는 '别提多+형용사+了'는 관용구이니 외워두면 좋아요.

예문

1 **别提多诱人了!** 얼마나 매력적인지 모른다!
  bié tí duō yòu rén le !

2 **别提多可怕了!** 얼마나 무서운지 모른다!
  bié tí duō kě pà le !

3 **别提多享受了!** 얼마나 즐거운지 모른다!
  bié tí duō xiǎng shòu le !

诱人 yòu rén [형용사] 매력적인   可怕 kě pà [형용사] 두려운, 무서운
舒服 shū fu [형용사] (육체나 정신이) 편안한, 상쾌한
别~ bié [부사] ~하지 마라
多 duō [부사] 얼마나, 아무리(감탄문에서 정도가 매우 높음을 나타냄)
享受 xiǎng shòu [동사] 누리다, 즐기다   提 tí [동사] 언급하다, 말하다, 말을 꺼내다

중국에서는 페이스북, 유튜브, 인스타그램 등의 SNS 관련 어플을 사용할 수 없어요. 굳이 사용하고 싶다면 중국 친구한테 살짝 물어 보세요. 그들만의 어둠의 경로가 있을 테니……

요즘은 한국 친구들도 중국 어플을 사용해 사진을 찍는 것을 자주 볼 수 있습니다. b612, faceu, Kwai(중국에서는 '快手[kuài shǒu]'라고 부름) 등이 그것이죠. 요즘 중국의 젊은 층 사이에서는 틱톡(抖音)이 인기를 끌고 있답니다.

빈칸에 알맞은 단어를 쓰세요.

敷面膜　　电影　　运动

1. 先_____然后洗澡。

운동한 다음에 샤워한다.

2. 先_____, 然后睡觉。

팩하고 나서 자야지.

3. 先吃饭, 然后看_____。

밥 먹고 나서 영화를 본다.

20 对美国文化感兴趣
duì měi guó wén huà gǎn xìng qù
미국 문화에 관심이 있다

| 포인트 | 对~ (不)感兴趣: ~에 관심이(흥미가) 있다(없다)
对 or 对于~: ~에 대해, 对~来说: ~에게

 가예의 일기

9月14日 星期四 天气 : 晴

我学了很多年英语,
wǒ xué guo hěn duō nián yīng yǔ,

对美国文化感兴趣。
duì měi guó wén huà gǎn xìng qù。

可惜学的是"哑巴英语"。
kě xī xué de shì "yǎ ba yīng yǔ"。

9월 14일 목요일 날씨: 맑음

나는 몇 년 동안 영어를 배웠다.
미국 문화에 관심이 있다.
안타까운 것은 **벙어리 영어***를 배웠다는 것이다.

***벙어리 영어**: 학교에서 배워 문법만 알고 말을 못하는 영어

我/学了/很多年/英语
wǒ/ xué guo/ hěn duō nián/ yīng yǔ

나는 몇 년 동안 영어를 배웠다.

중국어는 단어 자체가 매우 함축적이에요. 한국어로는 '몇 년 동안'이라고 말하지만, 중국어로는 '很多年(몇 년)'이라고만 말하면 돼요. 很多年이라는 단어 속에 이미 '~동안'이라는 의미가 들어있으니까요.

예문

1 **她跳了很多年芭蕾。** 그녀는 몇 년 동안 발레를 했다.
   tā tiào le hěn duō nián bā léi。

2 **李部长炒了很多年股票。** 이 부장님은 몇 년 동안 주식을 했다.
   lǐ bù zhǎng chǎo guo hěn duō nián gǔ piào。

3 **他做了很多年准备。** 그는 몇 년 동안 준비했다.
   tā zuò le hěn duō nián zhǔn bèi。

年 nián [명사] 해, 년   英语 yīng yǔ [명사] 영어   学 xué [동사] 배우다
★ 중국어에는 '동사+명사'가 한 단어처럼 굳어진 것이 많아요.
跳 tiào [동사] 뛰다, 움직이다 + 芭蕾 bā léi [명사] 발레 = 발레하다
炒 chǎo [동사] 전매하다 + 股票 gǔ piào [명사] 주식 = 주식하다
做 zuò [동사] 만들다 + 准备 zhǔn bèi [명사] 준비* = 준비하다
* 准备는 그 자체로 동사로 쓰일 때도 있어요.

对/美国文化/感兴趣
duì/ měi guó wén huà/ gǎn xìng qù
미국 문화에 관심이 있다.

'对~'는 '~에 대해'라는 뜻으로 중국어에서 상당히 자주 사용해요.
보통 '对~'나 '对于~'는 '~에 대해', '对~来说'는 '~에게'처럼 사용되는데
예문을 보면서 익히면 쉬울 거예요.
또한 '对~ (不)感兴趣'은 '~에 관심이(흥미가) 있다(없다)'라는 뜻입니다.

예문

1 他对她的专业不感兴趣, 想做别的工作。
   tā duì tā de zhuān yè bù gǎn xìng qù , xiǎng zuò bié de gōng zuò。
   그는 전공에 관심이 없어서 다른 직업을 갖고 싶어 한다.

2 对于这件事, 我不想再说什么。
   duì yú zhè jiàn shì, wǒ bù xiǎng zài shuō shén me。
   이 일에 대해서는 더 이상 말하고 싶지 않다.

3 对我来说有点难。 나에게 좀 어렵다.
   duì wǒ lái shuō yǒu diǎn nán。

 专业 zhuān yè [명사] (대학 등의) 전공   别的 bié de [명사] 다른 것, 딴 것
工作 gōng zuò [명사] 직업   事 shì [명사] 일
难 nán [형용사] 어려운   件 jiàn [양사] 일·사건·개체를 세는 데 사용

131

可惜/学的/是/"哑巴英语"

kě xī/ xué de/ shì/ "yǎ ba yīng yǔ"

안타까운 것은 '벙어리 영어'를 배웠다는 것이다.

可惜는 '안타깝게'라는 뜻으로, 물건이 아까울 때도 사용해요(이럴 때는 '아깝게도'라는 뜻이 됨). 哑巴英语는 재미있는 표현인데, 한국에도 영어를 책으로만 배워서 회화를 못하는 사람이 많죠? 그럴 때 "哑巴英语"라고 말해요.

또 하나, 여기서 的는 명사를 만들어주는 조사로 쓰였어요. 学的는 '배운 것'이라는 뜻이죠. 즉 '可惜(안타깝게도)+学的(배운 것)+是(~이다)+哑巴英语(벙어리 영어)' 꼴입니다.

예문

1 **可惜下载的是盗版电影。**
   kě xī xià zài de shì dào bǎn diàn yǐng。
   안타깝게도 다운로드한 것은 해적판 영화다.

2 **可惜遇到的是骗子。** 안타깝게도 만난 사람이 사기꾼이다.
   kě xī yù dào de shì piàn zi。

 下载 xià zài [명사] 다운로드 [동사] 다운로드하다　盗版 dào bǎn [명사] 해적판
骗子 piàn zi [명사] 사기꾼　可惜 kě xī [부사] 아깝게도
哑巴 yǎ ba [형용사] 소리를 낼 수 없는, 속으로만 끙끙거리는
遇到 yù dào [동사] 만나다

我对他没关心。（X）나는 그에게 관심이 없다.
wǒ duì tā méi guān xīn。

한국에서는 다른 사람에게 호감이 있을 때 '관심이 있다'라고 표현
하죠? 하지만 중국어로 关心 guān xīn 은 '소중히 여기고 중시한다'는
뜻이 있어요. '감사한다'는 뜻도 있죠. 그래서 '관심이 없다'라는 말
은 쓰지 않아요.

예를 들어 我很关心父母的健康(wǒ hěn guān xīn fù mǔ jiàn kāng, 나는 부
모님의 건강에 관심을 가지고 있다)라는 문장을 볼까요? 이 문장은 '나는
부모님의 건강을 매우 중요하게 생각하고 있다'는 뜻이에요.

사람에 대한 호감이나 흥미는 兴趣 xìng qù 라고 해요.
그러므로 정확한 표현은

他对他不感兴趣。（√）
tā duì tā bù gǎn xìng qù。

빈칸에 알맞은 단어를 쓰세요.

对我来说　　　别的　　　对～感兴趣

1. 这个工作＿＿＿有点儿难。

이 일은 나에게는 좀 어렵다.

2. 哥哥＿＿＿他的专业＿＿＿。

오빠는 전공에 별 관심이 없다.

3. 你有＿＿＿事吗?

너 다른 일 있어?

雪一落在地上，就化了
xuě yí luò zài dì shang , jiù huà le
눈이 땅에 떨어지자마자 녹았다

21

| 포인트 | 一~ 就~ 학습하기
一+동사+就+동사 or 형용사: ~하자마자 ~하다, ~하기만 하면 ~된다

 일두의 일기

1月7日 星期三 天气 : 雪

雪一落在地上，就化了。
xuě yí luò zài dì shang , jiù huà le。

小时候常打雪仗、堆雪人……。
xiǎo shí hou cháng dǎ xuě zhàng 、duī xuě rén……。

这周末去滑雪。
zhè zhōu mò qù huá xuě。

1월 7일 수요일 날씨: 눈

눈이 땅에 떨어지자마자 녹았다.
어릴 적에는 자주 눈싸움을 하고 눈사람을 만들었는데…….
이번 주말에 스키 타러 간다.

雪/一/落/在地上, /就/化了
xuě/ yí/ luò/ zài dì shang , /jiù/ huà le

눈이 땅에 떨어지자마자 녹았다.

'一+동사+就+동사 or 형용사'는 '~하자마자 ~하다', '~하기만 하면 ~된다'라는 뜻이에요. 예문을 보고 용법을 익혀서 일기에 써보세요.

예문

1 **我一吃完饭就困。** 밥을 먹자마자 졸리다.
  wǒ yì chī wán fàn jiù kùn。

2 **他一下班就回家了。** 그는 퇴근하자마자 집으로 돌아왔다.
  tā yí xià bān jiù huí jiā le。

3 **组长一喝酒脸就红。** 팀장님은 술을 마시기만 하면 얼굴이 붉어진다.
  zǔ zhǎng yì hē jiǔ liǎn jiù hóng。

4 **一看到初雪, 我就给女朋友打电话了。**
  yí kàn dào chū xuě , wǒ jiù gěi nǚ péng you dǎ diàn huà le。
  첫눈을 보자마자 여자친구에게 전화를 걸었다.

初雪 chū xuě [명사] 첫눈   女朋友 nǚ péng you [명사] 여자친구
组长 zǔ zhǎng [명사] 조장, 팀장   脸 liǎn [명사] 얼굴   困 kùn [형용사] 졸린
红 hóng [형용사] 붉은, 빨간   完 wán [동사] 완성하다, 마무르다, 끝마치다

小时候/常/打雪仗、堆雪人
xiǎo shí hou/ cháng/ dǎ xuě zhàng , duī xuě rén
어릴 적에는 자주 눈싸움을 하고 눈사람을 만들었는데……

슬프게도 나이를 먹을수록 예전 일을 많이 떠올리게 되죠? 어린 시절(小时候)을 말이죠. 小的时候도 小时候와 같은 말입니다. 여러분은 어릴 때 무엇을 하고 놀았나요?
자주 하는 일에는 동사를 과거형으로 만드는 '了'를 붙이지 않는다는 것도 알아두면 좋아요.

예문

1 **小时候常坐在爸爸肩上。** 어릴 때 자주 아빠 어깨 위에 앉았다.
xiǎo shí hou cháng zuò zài bà ba jiān shàng。

2 **小时候常玩 "过家家"。** 어릴 때 자주 소꿉놀이를 했다.
xiǎo shí hou cháng wán "guò jiā jia"。

3 **小时候常去游乐场。** 어릴 때 자주 놀이동산에 갔다.
xiǎo shí hou cháng qù yóu lè chǎng。

단어 小时候 xiǎo shí hou [명사] 어린 시절　打雪仗 dǎ xuě zhàng [명사] 눈싸움
过家家 guò jiā jia [명사] 소꿉놀이　游乐场 yóu lè chǎng [명사] 놀이동산, 유원지
常 cháng [부사] 자주　堆雪人 duī xuě rén [동사] 눈사람을 만들다

这/周末/去/滑雪
zhè/ zhōu mò/ qù/ huá xuě
이번 주말에 스키 타러 간다.

앞 문장이 예전 일을 추억했다면, 이번에는 앞으로 해야 할 일을 말합니다. 중국어 동사에는 따로 시제가 없어요. 这周末(이번 주말)처럼 시기가 나오고 了가 붙지 않으면 단어에 앞으로 할 일이라는 의미가 생겨요.

예문

1 **这月末去出差。** 월말에 출장을 간다.
   zhè yuè mò qù chū chāi。

2 **下学期去留学。** 다음 학기에 유학을 간다.
   xià xué qī qù liú xué。

3 **春天去郊游。** 봄에 소풍을 간다.
   chūn tiān qù jiāo yóu。

 周末 zhōu mò [명사] 주말   出差 chū chāi [명사] 출장
留学 liú xué [명사] 유학   郊游 jiāo yóu [명사] 소풍
滑雪 huá xuě [동사] 스키 타다

현대인들은 갈수록 바쁘고, 늘 바쁜 탓에 피곤하다고 불평하죠. 그래서 '멍때리기 대회'를 열기도 합니다.

'感觉身体被掏空(gǎn jué shēn tǐ bèi tāo kōng, 몸만 남고 영혼이 다 빠진 것 같다)'는 중국 인터넷에서 유행한 말인데, 과도한 피로 때문에 힘이 없고 몸을 움직이지 못한다는 뜻이에요.

예)
这个项目半年才完成, 感觉身体被掏空。
zhè gè xiàng mù bàn nián cái wán chéng,
gǎn jué shēn tǐ bèi tāo kōng。
이 프로젝트는 반년이 지나서야 끝났다.
몸만 남고 영혼이 다 빠진 것 같다.

빈칸에 알맞은 단어를 쓰세요.

一~ 就~　小时候　困

1. _____到家, _____给我发短信。

집에 도착하자마자 나한테 문자해.

2. 今天起床很早, 我有点儿_____。

오늘 일찍 일어나서 좀 졸리다.

3. _____, 我最喜欢堆雪人。

나는 어릴 때 눈사람 만드는 것을 제일 좋아했다.

22

去做兼职来着
qù zuò jiān zhí lái zhe

아르바이트를 하고 있었다

| 포인트 | 동사+ 来着: ~하고 있었다(과거 진행), 동사+ 来着?: ~더라?

 일두의 일기

5月20日 星期一 天气：晴

昨天超级尴尬。
zuó tiān chāo jí gān gà。

去做兼职来着。
qù zuò jiān zhí lái zhe。

碰巧遇到了我们科长。
pèng qiǎo yù dào le wǒ men kē zhǎng。

5월 20일 월요일 날씨: 맑음

어제 엄청 어색했다.
아르바이트를 하고 있었는데
그때 우연히 과장님을 만났다.

昨天/超级/尴尬
zuó tiān/ chāo jí/ gān gà
어제 엄청 어색했다.

요즘은 감정 표현이 점점 강해지는 것 같아요. 한국과 마찬가지로 중국에서도 超级(chāo jí, 엄청) 같은 말을 '엄청' 많이 써요.

 예문

1 **他妹妹超级漂亮。** 그의 여동생은 엄청 예쁘다.
   tā mèi mei chāo jí piào liang。

2 **火锅超级好吃。** 훠궈는 엄청 맛있다.
   huǒ guō chāo jí hǎo chī。

3 **熊猫超级可爱。** 팬더는 엄청 귀엽다.
   xióng māo chāo jí kě ài。

 단어

昨天 zuó tiān [명사] 어제   漂亮 piào liang [형용사] 예쁜
尴尬 gān gà [형용사] 부자연스러운, 어색한   好吃 hǎo chī [형용사] 맛있는
可爱 kě ài [형용사] 귀여운, 사랑스러운

去做/兼职/来着
qù zuò/ jiān zhí/ lái zhe
아르바이트를 하고 있었다.

'주어+(시간)+동사+목적어+来着+。'는 '~하고 있었다', 즉 과거진행형입니다.

'주어+(시간)+동사+목적어+来着+?'는 순서는 같지만 물음표가 붙었죠? '뭐였지?', '뭐더라?'같은 의문문 구조입니다. 아예 모르는 것이 아니라 알고 있는 것이 생각나지 않거나 확인차 물어볼 때 사용하는 문법이에요.

예문

1 **我洗澡来着。** (나는) 목욕하고 있었어.
  wǒ xǐ zǎo lái zhe。

2 **我睡觉来着, 不知道发生了什么。**
  wǒ shuì jiào lái zhe , bù zhī dào fā shēng le shén me。
  (내가) 잠을 자고 있었어서 무슨 일이 일어났는지 모르겠다.

3 **我们以前在哪儿见过来着?**
  wǒ men yǐ qián zài nǎr jiàn guo lái zhe?
  우리 예전에 어디서 만난 적 있어? (분명 만났는데 잘 기억이 나지 않음)

以前 yǐ qián [명사] 이전   哪儿 nǎr [대명사] 어디, 어느 곳
不知道 bù zhī dào [동사] 모르다, 몰라요   发生 fā shēng [동사] 발생하다, 생기다
洗澡 xǐ zǎo [동사] 목욕하다   睡觉 shuì jiào [동사] 자다

碰巧/遇到了/我们科长
pèng qiǎo/ yù dào le/ wǒ men kē zhǎng
그 때 우연히 과장님을 만났다.

길에서 우연히 누군가를 만날 때가 있죠? 중국어는 '우연히'를 두 가지 단어로 표현해요. 碰巧는 한국어로 '공교롭게'에 가깝고, 偶然는 정말로 '우연히'죠.

예를 들어 길을 걷다가 친구를 만난 것은 '우연히'죠. 그런데 만약 그 친구를 생각하던 중에 만났다면 '공교롭게'입니다. 碰巧는 약간의 인과관계가 있을 때 사용하는 단어예요.

예문

1 **碰巧知道了他的想法。** 우연히 그 사람의 생각을 알았다.
   pèng qiǎo zhī dào le tā de xiǎng fǎ。

2 **碰巧买到了限量款。** 우연히 한정판을 샀다.
   pèng qiǎo mǎi dào le xiàn liàng kuǎn。

3 **碰巧听到了那首歌。**
   pèng qiǎo tīng dào le nà shǒu gē。
   우연히 그 노래를 들었다(到 동사의 결과를 강조하는 표현).

단어　科长 kē zhǎng [명사] 과장　想法 xiǎng fǎ [명사] 생각
碰巧 pèng qiǎo [부사] 때마침, 운 좋게　遇到 yù dào [동사] 만나다, 마주치다
知道 zhī dào [동사] 알다, 이해하다

大学生在咖啡厅做打工。(×)
dà xué shēng zài kā fēi tīng zuò dǎ gōng。

大学生在咖啡厅兼职。(√)
xué shēng zài kā fēi tīng jiān zhí。
대학생들이 카페에서 알바를 많이 한다.

일반적으로 打工은 '일하다'라는 뜻으로 사장을 제외한 모든 노동
자에게 사용할 수 있는 표현입니다. 예를 들어 '他在大学前辈的公
司打工(tā zài dà xué qián bèi de gōng sī dǎ gong, 그는 대학 선배의 회사에서 일
하고 있다)'라고 쓸 수 있죠. 주의해야 할 점은 打工은 명사가 아니라
동사로만 쓰인다는 것입니다. 우리가 평소에 말하는 '알바'는 신분이
나 직업을 이미 갖고 있는 동시에 여가시간을 이용해 별도의 일자
리를 가짐을 나타내기 때문에 '兼职(명사와 동사 둘 다 가능, 아르바이트
하다)'라고 해야 합니다.

문장을 완성하세요.

1. 이름이 뭐더라?

_____?

2. 목욕을 하고 있었다.

_____。

3. 아르바이트를 하고 있었다.

_____。

看着电影吃爆米花
kàn zhe diàn yǐng chī bào mǐ huā
영화를 보면서 팝콘을 먹다

| 포인트 | 동사+着: ~하고 있다, ~하고 있는 중이다.
동사+着+동사, (一)边+동사(一)边+동사: ~하면서 ~하다, ~한 채로 ~하다.

 가예의 일기

5月23日 星期二 天气：阴

调查发现了人们的共同特征。
diào chá fā xiàn le rén men de gòng tóng tè zhēng.

喜欢看着电影吃爆米花。
xǐ huan kàn zhe diàn yǐng chī bào mǐ huā.

喝可乐的时候咬吸管。
hē kě lè de shí hou yǎo xī guǎn.

5월 23일 화요일 날씨: 흐림

조사를 통해 사람들의 공통된 특징을 발견했다.

영화 보면서 팝콘 먹는 것을 좋아한다.

콜라를 마실 때는 빨대를 물고 있다.

调查发现了/人们的/共同特征
diào chá fā xiàn le/ rén men de/ gòng tóng tè zhēng
조사를 통해 사람들의 공통된 특징을 발견했다.

'调查发现了'은 관용어로 뉴스 등에서 많이 사용합니다. '조사를 통해 ~ 을 발견했다', '조사해서 ~을 발견했다'라는 뜻입니다.

예문

1 **调查发现了案件的凶手。** 조사를 통해 사건의 범인을 발견했다.
diào chá fā xiàn le àn jiàn de xiōng shǒu。

2 **调查发现了地球变暖的原因。**
diào chá fā xiàn le dì qiú biàn nuǎn de yuán yīn。
조사를 통해 지구온난화의 원인을 발견했다.

3 **调查发现了事情的真相。** 조사를 통해 이번 일의 진상을 밝혔다.
diào chá fā xiàn le shì qíng de zhēn xiàng。

 调查 diào chá [명사] 조사 [동사] 조사하다　**特征** tè zhēng [명사] 특징
发现 fā xiàn [명사] 발견 [동사] 발견하다　**案件** àn jiàn [명사] 사건
地球变暖 dì qiú biàn nuǎn [명사] 지구온난화　**真相** zhēn xiàng [명사] 진상
地球 dì qiú [명사] 지구　**凶手** xiōng shǒu [명사] 범인　**暖** nuǎn [형용사] 따뜻한
共同 gòng tóng [형용사] 공동의, 공통의　**变** biàn [동사] 바뀌다

喜欢/看着/电影/吃/爆米花
xǐ huan/ kàn zhe/ diàn yǐng/ chī/ bào mǐ huā

영화 보면서 팝콘 먹는 것을 좋아한다.

이번에는 조사 着에 주목해주세요. 着를 동사 뒤에 붙이면 현재진행형이 되고, 동사 사이에 넣으면 동시에 두 가지 일을 하고 있다는 뜻이 됩니다. '(一)边+동사(一)边+동사'나 다음에 배울 '동사+的时候+동사'와 비슷한 문법입니다.

정리하면, ① 동사+着: ~하고 있다, ~하고 있는 중이다.

② 동사+着+동사: ~하면서 ~하다, ~한 채로 ~하다.

예문

1 **老板看着呢。** 사장님이 보고 계셔.
   lǎo bǎn kàn zhe ne。

2 **司机听着广播开车。** 운전기사가 라디오를 들으면서 운전한다.
   sī jī tīng zhe guǎng bō kāi chē。

3 **一边打电话, 一边开车很危险。**
   yì biān dǎ diàn huà , yì biān kāi chē hěn wēi xiǎn。
   전화하면서 운전하는 것은 위험하다.

단어

老板 lǎo bǎn [명사] 보스   司机 sī jī [명사] 기사, 운전사   笑话 xiào huà [명사] 농담
广播 guǎng bō [명사] 라디오   危险 wēi xiǎn [명사] 위험 [형용사] 위험한
开车 kāi chē [동사] 운전하다

149

요즘은 멀티테스킹의 시대라고 하죠? 두 가지 일을 동시에 할 때는 '동사 +的时候(~을 할 때)+동사' 꼴을 사용합니다. 네? 콜라를 마실 때 빨대를 물고 있는 것은 멀티테스킹이 아니라고요?

예문

1 **吃饭的时候看电视。** 밥을 먹을 때는 텔레비전을 본다.
   chī fàn de shí hou kàn diàn shì。

2 **生病的时候想家。** 아플 때는 집이 그립다.
   shēng bìng de shí hou xiǎng jiā。

3 **写作业的时候听音乐。** 숙제를 할 때는 음악을 듣는다.
   xiě zuò yè de shí hou tīng yīn yuè。

단어 可乐 kě lè [명사] 콜라   电视 diàn shì [명사] 텔레비전   吸管 xī guǎn [명사] 빨대
作业 zuò yè [명사] 숙제   咬 yǎo [동사] 물다   写 xiě [동사] 쓰다

요즘 중국에서는 '吐槽 tǔ cáo'이라는 말을 많이 사용하는데, '비아냥거리다', '툴툴거리다', '언쟁하다', '결점을 지적하다' 등의 뜻을 가지고 있습니다.

예)
他一边看电视，一边吐槽广告多。
tā yì biān kàn diàn shì , yì biān tǔ cáo guǎng gào duō。
그는 텔레비전을 보면서 광고가 많다고 툴툴거린다.

원래 일본의 만담에서 나온 말인데 워낙 많이 사용하다 보니 이제 뉴스에서도 쓰기도 합니다.

빈칸에 알맞은 단어를 쓰세요.

来着　　着　　一边~一边~

1. 他_____笑，_____说。

그가 웃으면서 말한다.

2. 他笑_____说。

그가 웃으면서 말한다.

3. 他说笑话_____。

그가 농담을 하고 있었다.

24

比如奴隶和志愿者是有区别的

bǐ rú nú lì hé zhì yuàn zhě shì yǒu qū bié de

예를 들어 노예와 자원봉사자가 다르듯이

|포인트| 예시 들어 표현하기
①比如/ 比如说/ 例如/ 如+구체적인 예, ②拿+예시+来说

 가예의 일기

6月30日 星期一 天气 : 雾霾

不主动地享受过程,
bú zhǔ dòng de xiǎng shòu guò chéng,

就不会真正的快乐。
jiù bú huì zhēn zhèng de kuài lè。

比如奴隶和志愿者是有区别的。
bǐ rú nú lì hé zhì yuàn zhě shì yǒu qū bié de。

6월 30일 월요일 날씨: 미세먼지

적극적으로 과정을 즐기지 않는다면
진정한 즐거움을 얻을 수 없다.
예를 들어 노예와 자원봉사자가 다르듯이.

不/主动地/享受/过程
bú/ zhǔ dòng de/ xiǎng shòu/ guò chéng
적극적으로 과정을 즐기지 않는다면

地를 주목해주세요. 앞에서도 이야기했듯 地는 형용사나 동사 뒤에 붙어서 부사를 만듭니다. 여기서는 '主动(적극적인)'이라는 형용사 뒤에 붙어서 '적극적으로'라는 부사가 됐어요. 地 다음에는 동사가 온다는 것도 체크해주시고요.

예문

1 **积极地参加活动。** 적극적으로 활동에 참여한다.
  jī jí de cān jiā huó dòng。

2 **热烈地欢迎。** 열렬히 환영한다.
  rè liè de huān yíng。

3 **安静地等待。** 조용히 기다리다.
  ān jìng de děng dài。

过程 guò chéng [명사] 과정 热烈 rè liè [형용사] 열렬한
主动 zhǔ dòng [형용사] 능동적인, 자발적인, 적극적인
安静 ān jìng [형용사] 조용한 欢迎 huān yíng [동사] 환영하다
享受 xiǎng shòu [동사] 향유하다, 누리다, 즐기다 等待 děng dài [동사] 기다리다

就/不会/真正的/快乐
jiù/ bú huì/ zhēn zhèng de/ kuài lè

진정한 즐거움을 얻을 수 없다.

真正的는 '진정한'이라는 뜻이에요. 그러니 '真正的朋友'는 '진정한 친구'죠. 한국에서는 친분이 있는 애매한 관계를 말할 때 호칭 앞에 '아는'을 붙여 '아는 누나', '아는 형님', '아는 남자' 등으로 표현하죠? 认识的(아는)은 중국에서는 잘 사용하지 않는 말이지만 요즘은 한국 드라마나 TV 프로그램 때문에 간혹 사용하기도 해요.

 예문

1 **真正的朋友。** 진정한 친구.
zhēn zhèng de péng you。

2 **真正的男子汉。** 진정한 사나이.
zhēn zhèng de nán zǐ hàn。

3 **真正的英雄。** 진정한 영웅.
zhēn zhèng de yīng xióng。

 단어

男子汉 nán zǐ hàn [명사] 사나이, 대장부   英雄 yīng xióng [명사] 영웅
真正 zhēn zhèng [형용사] 진정한   快乐 kuài lè [형용사] 즐거운

比如/奴隶/和/志愿者/是/有/区别/的

bǐ rú/ nú lì/ hé/ zhì yuàn zhě/ shì/ yǒu/ qū bié/ de

예를 들어 노예와 자원봉사자가 다르듯이.

'예를 들어'는 '比如(= 比如说 = 例如 = 如)+구체적인 예'처럼 여러 가지 방법으로 표현할 수 있어요.

1 我会做简单的菜, 比如说：麻婆豆腐, 大酱汤,
越南春卷, 千层日式火锅等等。
wǒ huì zuò jiǎn dān de cài, bǐ rú shuō：má pó dòu fu, dà jiàng tāng,
yuè nán chūn juǎn, qiān céng rì shì huǒ guō děng deng。
나는 간단한 요리를 만들 수 있다. 예를 들어 마파두부, 된장찌개, 월남쌈,
밀푀유 나베 같은 것들이 있다.

2 不是每一个韩国人都爱吃辣白菜, 例如我丈夫。
bú shì měi yí gè hán guó rén dōu ài chī là bái cài, lì rú wǒ zhàng fu。
모든 한국인이 김치를 좋아하는 것은 아니다.
가까운 예로 우리 남편은 김치를 좋아하지 않는다.

3 如图所示。 그림에서 표시한 바와 같이.
rú tú suǒ shì。

麻婆豆腐 má pó dòu fu [명사] 마파두부   大酱汤 dà jiàng tāng [명사] 된장찌개
越南春卷 yuè nán chūn juǎn [명사] 월남쌈   图 tú [명사] 그림
千层日式火锅 qiān céng rì shì huǒ guō [명사] 밀푀유 나베
简单 jiǎn dān [형용사] 간단한

누군가는 취미로 중국어를 배우고, 또 어떤 사람은 직업을 구하려고 배우기도 합니다. 어느 쪽이든 얼마간 배우면 자신의 수준을 평가하고 싶어지죠. 중국인과 대화를 나누는 것 외에도 자신의 수준을 검증, 평가할 수 있는 시험이 있습니다. 가장 인정받는 시험으로는 HSK가 있는데, 지필 시험과 컴퓨터 시험으로 나눕니다. 또한 총 6급으로 나뉘며 6급이 최고 레벨이에요. 이외에도 다양한 시험이 있으니 내 실력을 알고 싶다면 도전해보세요.

빈칸에 알맞은 단어를 쓰세요.

快乐　如　简单　享受

1. 不_____过程, 就不会真正的_____。

장 감독의 새로운 영화가 참 좋다.

2. _____图所示。

그림에서 표시한 바와 같이.

3. 我会说_____的方言。

간단한 사투리를 할 줄 안다.

25

又正能量, 又高大上
yòu zhèng néng liàng , yòu gāo dà shàng

긍정적이고 럭셔리하다

| 포인트 | 又+형용사+又+형용사: ~하고 ~하다
又+동사+又+동사: ~하면서 ~하다

가예의 일기

4月19日 星期四 天气 : 雾霾

我很喜欢这期杂志的主题,
wǒ hěn xǐ huan zhè qī zá zhì de zhǔ tí,

又正能量, 又高大上。
yòu zhèng néng liàng , yòu gāo dà shàng。

等不及要看下一期。
děng bù jí yào kàn xià yì qī。

4월 19일 목요일 날씨: 미세먼지

나는 이 잡지의 주제를 매우 좋아한다.
긍정적이고 럭셔리하다.
다음 호가 기다려진다.

我/很喜欢/这期/杂志的/主题
wǒ/ hěn xǐ huan/ zhè qī/ zá zhì de/ zhǔ tí

나는 이 잡지의 주제를 매우 좋아한다.

이번에는 'A의 B를 아주 좋아한다'는 표현이에요. 어떤 잡지의 디자인은 마음에 안 들지만 주제는 좋아할 수 있잖아요? 이렇게 A 중 특히 B를 많이 좋아한다면 '很喜欢+A+的+B'라고 표현해요.

예문

1 **我很喜欢这本书的设计。** 나는 이 책의 디자인이 마음에 든다.
  wǒ hěn xǐ huan zhè běn shū de shè jì。

2 **我很喜欢这部电视剧的OST。** 나는 이 드라마의 OST가 마음에 든다.
  wǒ hěn xǐ huan zhè bù diàn shì jù de OST。

3 **我很喜欢这个人的性格。**
  wǒ hěn xǐ huan zhè gè rén de xìng gé。 나는 이 사람의 성격이 마음에 든다.

 杂志 zá zhì [명사] 잡지　主题 zhǔ tí [명사] 주제
设计 shè jì [명사] 설계　电视剧 diàn shì jù [명사] 드라마　期 qī [양사] 기, 호

又/正能量，又/高大上
yòu/ zhèng néng liàng , yòu/ gāo dà shàng
긍정적이고 럭셔리하다.

'又+형용사+又+형용사'는 한 사물에 담긴 두 가지 특성을 표현하는 문법이에요. '~하고 ~하다'라고 해석할 수 있습니다.

형용사 자리에 동사가 들어간 '又+동사+又+동사'는 '동시에 ~하면서 ~하다'라는 뜻이에요. 이전에 배운 '(一)边+동사(一)边+동사'와 비슷해요.

예문

1 **又科学又划算。** 과학적이고 합당하다.
yòu kē xué yòu huá suàn。

2 **他又高又瘦。** 그는 (키가) 크고 말랐다.
tā yòu gāo yòu shòu。

3 **一边拼命赚钱，一边还贷款。** 목숨 걸고 돈을 벌면서 돈을 갚는다.
yì biān pīn mìng zhuàn qián , yì biān huán dài kuǎn。

단어 贷款 dài kuǎn [명사] 대부금, 대여   科学 kē xué [형용사] 과학적인
划算 huá suàn [형용사] 수지가 맞는, 제값을 하는   瘦 shòu [형용사] 마른
拼命 pīn mìng [동사] 목숨을 버리다, 목숨을 걸다   还 huán [동사] 돌려주다, 갚다
赚钱 zhuàn qián [동사] 돈을 벌다 [형용사] 돈을 버는

等不及/要看/下一期
děng bù jí/ yào kàn/ xià yì qī
다음 호가 기다려진다.

等不及는 '기다려진다(직역하면 '못 기다리겠다')'라는 뜻의 관용어로 要와 함께 많이 사용되니 전체 문장을 기억해두시는 편이 좋아요.

예문

1 **等不及要出发。** 출발이 기다려진다.
  děng bù jí yào chū fā。

2 **等不及要见面。** 만남이 기다려진다.
  děng bù jí yào jiàn miàn。

3 **等不及要回家。** 귀가가 기다려진다.
  děng bù jí yào huí jiā。

 出发 chū fā [명사] 출발 [동사] 출발하다
见面 jiàn miàn [동사] 만나다   回家 huí jiā [동사] 귀가하다

요즘은 인터넷 용어에서 유래된 말이 많은데요, 젊은 사람들이 종종 사용합니다. 그중 아래 두 단어는 공식 석상에서도 사용된답니다.

· 正能量
  zhèng néng liàng
  적극적이고 건강하고 낙관적인 힘

예)

最近压力很大，需要正能量。
zuì jìn yā lì hěn dà, xū yào zhèng néng liàng。
최근에 스트레스를 많이 받아서 긍정적인 힘이 필요하다.

· 高大上
  gāo dà shàng
  '품위 있고 격이 있다'의 약칭, 럭셔리

예)

他的新家装修得很高大上。
tā de xīn jiā zhuāng xiū dé hěn gāo dà shàng。
그의 새 집은 인테리어를 아주 럭셔리하게 했다.

빈칸에 알맞은 단어를 쓰세요.

又~又~　　一边~一边~

1. ＿＿＿看杂志, ＿＿＿喝红酒。

잡지를 보면서 와인을 마신다.

2. ＿＿＿看杂志, ＿＿＿喝红酒。

그녀는 매우 예쁘다. 키도 크고 말랐다.

3. 这个工作＿＿＿累, ＿＿＿不赚钱。

이 일은 아주 힘든데다가 돈도 많이 못 번다.

26 我越来越想她

wǒ yuè lái yuè xiǎng tā

나는 점점 더 할머니가 보고 싶다

| 포인트 | 주어+越来越+형용사(동사)+(了)
주어+越+동사(형용사)+越+동사(형용사)

 일두의 일기

7月2日 星期六 天气 : 晴

奶奶去世几年了,
nǎi nai qù shì jǐ nián le,

我越来越想她,
wǒ yuè lái yuè xiǎng tā,

她在天堂过得还好吧?
tā zài tiān táng guò de hái hǎo ba?

7월 2일 토요일 날씨: 맑음

할머니께서 돌아가신 지 몇 년이 됐다.
나는 점점 더 할머니가 보고 싶다.
할머니는 하늘나라에서 잘 지내시겠지?

奶奶/去世/几年了
năi nai/ qù shì/ jǐ nián le
할머니께서 돌아가신 지 몇 년이 됐다.

'동사+시간+了'는 '~한 지 얼마가 지났다'는 표현이에요. 예문을 보면 쉽게 익힐 수 있을 거예요.

1 **俊熙毕业5年了。** 준희가 졸업한 지 5년 됐다.
jùn xī bì yè wǔ nián le。

2 **大伯退休一年了。** 큰아버지께서 퇴직하신 지 1년이 됐다.
dà bó tuì xiū yì nián le。

3 **美英出国两年了。** 미영이가 출국한 지 1년이 됐다.
měi yīng chū guó liǎng nián le。

단어　奶奶 năi nai [명사] 할머니　大伯 dà bó [명사] 큰아버지
几年 jǐ nián [명사] 몇 년, 수년　毕业 bì yè [명사] 졸업 [동사] 졸업하다
退休 tuì xiū [명사] 퇴직 [동사] 퇴직하다
去世 qù shì [동사] 세상을 떠나다, 사망하다

我/越来越/想/她
wǒ/ yuè lái yuè/ xiǎng/ tā

나는 점점 더 할머니가 보고 싶다.

'주어+越来越+형용사(동사)+(了)'는 '갈수록 ~하다'라는 뜻이에요. 한국어에서는 '점점 더 "많이" 보고 싶다'처럼 정도를 나타내는 단어과 함께 쓸 수 있지만, 중국어에서는 함께 사용할 수 없어요. 이미 조금씩 더 심해진다는 의미가 들어있기 때문입니다. '주어+越+동사(형용사)+越+동사(형용사)'도 같은 의미로 사용할 수 있습니다.

예문

1 **天气不好，停飞的航班越来越多。**
tiān qì bù hǎo , tíng fēi de háng bān yuè lái yuè duō 。
날씨가 나빠 비행기 결항이 점점 잦아지고 있다.

2 **过了25岁，肤越来越松弛。**
guò le èr shí wǔ suì , pí fū yuè lái yuè sōng chí 。
스물다섯 살이 지나면서 피부가 점점 늘어지고 있다.

3 **他越学习，越觉得自己知道的少。**
tā yuè xué xí , yuè jué de zì jǐ zhī dào de shǎo 。
그는 공부를 많이 할수록 자신이 알고 있는 것이 적다고 생각한다.

航班 háng bān [명사] (비행기나 배의) 운행표, 취항 순서
皮肤 pí fū [명사] 피부　松弛 sōng chí [형용사] (줄 등이) 늘어진
停飞 tíng fēi [동사] (항공기의 출발을) 중지하다, 취소하다

她/在/天堂/过得/还好吧
tā/ zài/ tiān tang/ guò de/ hái hǎo ba
할머니는 하늘나라에서 잘 지내시겠지.

还好吧는 평서문에서는 '잘 지내시겠지?'라는 혼자만의 추측으로 사용되나, 누군가 "잘 지내니?"라고 물어봤을 때도 "还好吧"라고 대답할 수 있습니다. 뜻은 '그냥 그래(나쁘지 않아)'죠.

'동사(형용사)+得+(정도)보어'는 앞에서 배운 용법인데 복습해볼까요? '보어만큼 ~하다'라는 의미가 여기서는 '过(지내다)+得+还(여전히)'꼴로 '잘 지낸다'는 뜻이 됐습니다.

 예문

1 **一个人在国外过得还好吧?** 혼자 외국에서 잘 지내지?
yí gè rén zài guó wài guò de hái hǎo ba?

2 **你男朋友在部队过得还好吧?** 네 남자친구 군대에서 잘 지내지?
nǐ nán péng you zài bù duì guò de hái hǎo ba?

3 **在那里过得还好吧?** 거기서 잘 지내지?
zài nà lǐ guò de hái hǎo ba?

단어   部队 bù duì [명사] 부대, 군대   天堂 tiān táng [명사] 천당
那里 nà lǐ [대명사] 그곳   过 guò [동사] 지나다

尊老爱幼
zūn lǎo ài yòu
연장자를 존중하고 어린이를 사랑한다

한국과 마찬가지로 중국도 웃어른을 공경하고 어린아이를 사랑으로 귀하게 대하는 문화가 있습니다.
이 성어는 중국에서 자주 사용하는 것으로 맹자가 한 말입니다.

맹자의 말씀은 아래와 같습니다.

老吾老, 以及人之老;
lǎo wú lǎo, yǐ jí rén zhī lǎo;
자신의 부모를 공경하듯이 다른 사람의 부모도 공경하고,

幼吾幼, 以及人之幼。
yòu wú yòu, yǐ jí rén zhī yòu。
자신의 아이를 사랑하듯이 다른 사람의 아이도 사랑하라.

주어진 단어를 어순에 맞게 배열하세요.

예)

我 她 想 越来越。

⇢ 我越来越想她。 나는 점점 더 할머니가 보고 싶다.

1. 越来越 她 过得 好。

_____。 그는 갈수록 잘 지낸다.

2. 越 越 担心 问题 容易 发生。

_____。

걱정하면 할수록 문제가 쉽게 생긴다.

3. 信心 越来越 有 了。

_____。 갈수록 자신감이 생긴다.

原来他是混血儿
yuán lái tā shì hùn xuè/xiě ér

원래 그는 혼혈아였다

| 포인트 | 怪不得+사실(결과), 原来+원인: 어쩐지 원래 ~였다.

 일두의 일기

4月20日 星期五 天气 : 多云

怪不得他精通三国语言,
guài bù dé tā jīng tōng sān guó yǔ yán,

原来他是混血儿,
yuán lái tā shì hùn xuè(xiě) ér,

还是英国海归。
hái shì yīng guó hǎi guī。

4월 20일 금요일 날씨: 구름 많음

어쩐지 그가 세 나라 언어에 능통하더라니
원래 그는 혼혈아였다.
게다가 영국 유학파다.

怪不得같은 부사구를 적절히 써주면 문장을 더욱 풍부하게 만들 수 있답니다.

예문

1 **怪不得你取消旅游计划了。** 어쩐지 당신이 여행 계획을 취소하더라.
guài bù dé nǐ qǔ xiāo lǚ yóu jì huà le。

2 **怪不得她开始减肥了。** 어쩐지 그 여자가 다이어트를 시작하더라.
guài bù dé tā kāi shǐ jiǎn féi le。

3 **怪不得你擅长游泳。** 어쩐지 네가 수영을 잘하더라.
guài bù dé nǐ shàn cháng yóu yǒng。

단어
国 guó [명사] 국가, 나라   语言 yǔ yán [명사] 언어
游泳 yóu yǒng [명사] 수영 [동사] 수영하다   精通 jīng tōng [동사] 정통하다
取消 qǔ xiāo [동사] 취소하다, 없애다   减肥 jiǎn féi [동사] 살을 빼다, 감축하다
擅长 shàn cháng [동사] 뛰어나다

原来/他/是/混血儿
yuán lái/ tā/ shì/ hùn xuè(xiě) ér

원래 그는 혼혈아였다.

'怪不得+사실(결과)', '原来+원인'은 '어쩐지 원래 ~였다'라고 말하고 싶을 때 사용하는 말이에요. 문장의 순서가 바뀌거나 부분적으로 생략될 수도 있으니 예문을 많이 봐두면 좋아요.

예문

1 原来如此。 그렇구나.
yuán lái rú cǐ。

2 原来是这样，怪不得你会生气。 그렇구나. 화가 날 만도 하다.
yuán lái shì zhè yàng , guài bù dé nǐ huì shēng qì。

3 怪不得她戴着帽子墨镜和口罩。原来她做整形手术了。
guài bù dé tā dài zhe mào zi mò jìng hé kǒu zhào , yuán lái tā zuò zhěng xíng shǒu shù le。
어쩐지 모자, 선글라스와 마스크를 쓰고 있더라니, 성형수술했구나.

단어 墨镜 mò jìng [명사] 선글라스　整形手术 zhěng xíng shǒu shù [명사] 성형수술
帽子 mào zi [명사] 모자　这样 zhè yàng [대명사] 이렇다
戴 dài [동사] (머리·얼굴·가슴·팔·손 따위에) 착용하다
生气 shēng qì [동사] 화내다, 성내다

173

还是/英国/海归
hái shì/ yīng guó/ hǎi guī
게다가 영국 유학파다.

다음은 앞에 어떤 일이 있었고, 다음 문장에 다른 일을 더해 강조하고 싶을 때 사용하는 부사어 구문입니다. 상황에 맞게 사용하세요.

· 还是: 게다가 ~이다
· 还想: 게다가 ~하고 싶다
· 还有: 게다가 ~가 있다

이와 함께 각 나라를 어떻게 표현하는지 예문에서 알아봅시다.

예문

1 **还是中国海归。** 게다가 중국 유학파다.
   hái shì zhōng guó hǎi guī。

2 **还是法国海归。** 게다가 프랑스 유학파다.
   hái shì fǎ guó hǎi guī。

3 **还是德国海归。** 게다가 독일 유학파다.
   hái shì dé guó hǎi guī。

英国 yīng guó [명사] 영국   中国 zhōng guó [명사] 중국
法国 fǎ guó [명사] 프랑스   德国 dé guó [명사] 독일
海归 hǎi guī [동사] (해외에서 유학을 하거나 일을 하다가 창업하거나 직장을 구하러) 귀국하다

海归 hǎi guī 는 해외에서 공부하거나 살다가 귀국해 취직하거나 창업한 사람을 일컫는 말입니다.

자유연애와 국제결혼이 보편화되면서 혼혈아(混血儿 hùn xuè[xiě] ér)들이 점점 늘고 있어요. 중국인과 한국인 사이의 아이는 결혼 후 자국 국적을 포기할 필요 없이 장기 비자를 발급받아 양국을 오갈 수 있답니다. 한국은 만 20세가 되기 전에 하나의 국적을 선택해야 하지만 중국은 이중국적을 가질 수 있습니다.

빈칸에 알맞은 단어를 쓰세요.

怪不得　　原来

1. ＿＿＿你生气了，＿＿＿你不接我电话。

너 화났구나? 어쩐지 내 전화를 안 받더라.

2. ＿＿＿她变了，＿＿＿是做整形手术了。

어쩐지 바뀐 것 같더라. 성형수술했구나.

3. ＿＿＿如此。

그렇구나.

28 因为一个人也很好
yīn wèi yí gè rén yě hěn hǎo

왜냐하면 혼자 있어도 좋으니까

|포인트| 因为~ 所以~ = 之所以~ 是因为~: 이유는 ~하기 때문이다.

 일두의 일기

2月24日 星期三 天气：晴

小姨还不想结婚，
xiǎo yí hái bù xiǎng jié hūn,

因为她觉得一个人也很好，
yīn wèi tā jué de yí gè rén yě hěn hǎo,

虽然她也相信爱情……。
suī rán tā yě xiāng xìn ài qíng……

2월 24일 수요일 날씨: 맑음

작은 이모는 아직 결혼하고 싶지 않아 한다.

왜냐하면 혼자 있어도 좋으니까.

물론 이모도 사랑을 믿긴 하지만…….

小姨/还不想/结婚
xiǎo yí/ hái bù xiǎng/ jié hūn
작은 이모는 아직 결혼하고 싶지 않아 한다.

还不想는 '아직 ~하고 싶어 하지 않는다'라는 뜻입니다. 예문을 보면서 중국어로 친척들의 호칭을 어떻게 말하는지 익히면 일기가 더욱 풍부해질 거예요.

예문

1 **姑妈还不想回国。** 고모는 아직 귀국하고 싶지 않아 한다.
　gū mā hái bù xiǎng huí guó。

2 **姐姐还不想生孩子。** 언니는 아직 아기를 낳고 싶지 않아 한다.
　jiě jie hái bù xiǎng shēng hái zi。

3 **儿媳妇还不想分家。** 며느리는 아직 분가를 하고 싶지 않아 한다.
　ér xí fu hái bù xiǎng fēn jiā。

 단어　小姨 xiǎo yí [명사] 작은 이모　结婚 jié hūn [동사] 결혼하다
　　　　姑妈 gū mā [명사] 고모　姐姐 jiě jie [명사] 언니, 누나
　　　　儿媳妇 ér xí fu [명사] 며느리

⌇⌇⌇⌇⌇⌇⌇⌇⌇

因为/她觉得/一个人/也/很好
yīn wèi/ tā jué de/ yí gè rén/ yě/ hěn hǎo
왜냐하면 혼자 있어도 좋으니까.

'因为~ 所以(그래서)~'에 주목해보세요. 이 구는 '이유는 ~이기 때문이다'라는 뜻이며, '之所以~ 是因为~'도 같은 의미입니다.
因为나 是因为 뒤에는 원인을 붙이고 所以나 之所以 뒤에는 결과 혹은 행동을 붙입니다.

예문

1 **他们因为小事, 吵架了。** 그들은 작은 일 때문에 싸웠다.
tā men yīn wèi xiǎo shì , chǎo jià le。

2 **喝酒了, 所以叫了代驾。** 술을 마셔서 대리운전을 불렀다.
hē jiǔ le , suǒ yǐ jiào le dài jià。

3 **我之所以能有今天, 是因为大家给我的帮助。**
wǒ zhī suǒ yǐ néng yǒu jīn tiān , shì yīn wèi dà jiā gěi wǒ de bāng zhù。
내가 오늘까지 올 수 있었던 이유는 여러분의 도움이 있었기 때문이다.

 帮助 bāng zhù [명사] 도움, 원조   婚礼 hūn lǐ [명사] 결혼식
大家 dà jiā [명사] (일정한 범위 내의) 모든 사람   代驾 dài jià [명사] 대리운전
因为 yīn wèi [접속사] 왜냐하면   所以 suǒ yǐ [접속사] ~한 이유는
吵架 chǎo jià [동사] 다투다, 말다툼하다   给 gěi [동사] 주다

179

虽然/她/也/相信爱情
suī rán/ tā/ yě/ xiāng xìn ài qíng

물론 이모도 사랑을 믿긴 하지만……

뒤에 "但是(그런데)" 하고 다른 말이 시작될 것 같은 기분이죠? 중국어도 말줄임표를 한국어와 똑같이 점 여섯 개(……)로 써요.

이 문장에서 也는 조사로 '~도'의 의미입니다.

예문

1 **虽然你也知道原因……。** 물론 너도 원인을 알지만…….
   suī rán nǐ yě zhī dào yuán yīn……。

2 **虽然他也了解情况……。** 물론 그의 상황을 알지만…….
   suī rán tā yě liǎo jiě qíng kuàng……。

3 **虽然我也重视结果……。** 물론 나도 결과를 중시하지만…….
   suī rán wǒ yě zhòng shì jié guǒ……。

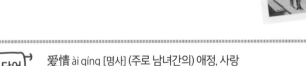

 단어

爱情 ài qíng [명사] (주로 남녀간의) 애정, 사랑
重视 zhòng shì [명사] 중시 [동사] 중시하다
虽然 suī rán [접속사] 비록 ~일지라도(하지만)   相信 xiāng xìn [동사] 믿다
了解 liǎo jiě [동사] 이해하다, 조사하다

婚礼参加的时候，红包给吧。（X）
hūn lǐ cān jiā de shí hou, hóng bāo gěi ba。

参加婚礼的时候，要给红包。（√）
cān jiā hūn lǐ de shí hou, yào gěi hóng bāo。
결혼식에 갈 때는 축의금을 줘야 한다.

红包给吧에 주목해주세요. '축의금을 준다'는 의미로 쓴 것 같지만 중국어 어순은 '동사+명사(목적어)'이므로 틀렸습니다. 한국어는 동사를 뒤에 쓰지요. 이런 습관을 제때 고치지 않으면 계속 잘못 쓸 수 있어요. 이렇게 동사를 뒤에 쓰면 중국인들은 바로 그 사람을 한국 사람이나 조선족이라고 생각합니다.

빈칸에 알맞은 단어를 쓰세요.

因为　　虽然　　原来

1. ＿＿＿＿我们吵架了, 但我们还是好朋友。

싸우긴 했지만 그래도 우리는 좋은 친구다.

2. ＿＿＿＿今天是好日子, 怪不得很多人在今天结婚。

오늘 좋은 날이구나. 어쩐지 오늘 결혼하는 사람이 많더라.

3. ＿＿＿＿没有钱, 所以他还没结婚。

돈이 없어서 아직 결혼을 안 했다.

29

除了常联系的朋友以外
chú le cháng lián xi de péng you yǐ wài

자주 연락하는 친구 외에

|포인트| 除了 ~ 以外 구문 학습하기

일두의 일기

2月23日 星期四 天气 : 大雾

同学聚会来了很多人，
tóng xué jù huì lái le hěn duō rén,

除了常联系的朋友以外，
chú le cháng lián xi de péng you yǐ wài,

还有很久没联系过的朋友。
hái yǒu hěn jiǔ méi lián xi guo de péng you。

2월 23일 목요일 날씨: 스모그

동창 모임에 많은 사람이 왔다.
자주 연락하는 친구 외에
오랫동안 연락하지 않은 친구들도 있었다.

183

同学聚会/来了/很多人
tóng xué jù huì/ lái le/ hěn duō rén
동창 모임에 많은 사람이 왔다.

특정 시기가 되면 동창회나 졸업식 같은 행사에 참석할 일이 많아지고, 좋은 일기 소재가 됩니다. 이때 来了라는 단어를 쓸 일이 많을 거예요.

예문

1 **校庆来了很多人。** 학교 축제에 많은 사람이 왔다.
   xiào qìng lái le hěn duō rén。

2 **过年来了很多亲戚。** 새해에 많은 친척이 왔다.
   guò nián lái le hěn duō qīn qi。

3 **那天来了很多记者。** 그날 많은 기자가 왔다.
   nà tiān lái le hěn duō jì zhě。

단어 同学 tóng xué [명사] 동창   聚会 jù huì [명사] 회합, 모임
校庆 xiào qìng [명사] 학교 축제, 개교기념일   亲戚 qīn qi [명사] 친척
过年 guò nián [명사] 내년 [동사] 설을 쇠다

除了/常/联系的/朋友/以外
chú le/ cháng/ lián xi de/ péng you/ yǐ wài

자주 연락하는 친구 외에

'除了~ 以外(= 除此之外= 除此以外= 此外)'는 '~을 제외하고(말고도)'라는 뜻 이며 뒤에 都(모두)혹은 还나 也(~도)가 올 수 있습니다.

 예문

1 我除了星期一, 还有星期三有空。
wǒ chú le xīng qī yī, hái yǒu xīng qī sān yǒu kòng。
나는 월요일 말고 수요일에도 시간이 있다.

2 除了他以外, 我都认识。 그를 제외하고 나는 나머지는 다 안다.
chú le tā yǐ wài, wǒ dōu rèn shi。

3 旅游团里除了韩国人, 还有德国人和俄国人。
lǚ yóu tuán lǐ chú le hán guó rén, hái yǒu dé guó rén hé é guó rén。
단체 관광단에는 한국인 외에 독일인과 러시아인도 있다.

 단어 星期一 xīng qī yī [명사] 월요일   星期三 xīng qī sān [명사] 수요일
德国人 dé guó rén [명사] 독일인   俄国人 é guó rén [명사] 러시아인
旅游团 lǚ yóu tuán [명사] 패키지 여행, 단체 관광
有空 yǒu kòng [동사] 틈이 나다

还有/很久/没/联系/过的/朋友
hái yǒu/ hěn jiǔ/ méi/ lián xi/ guo de/ péng you

오랫동안 연락하지 않은 친구들도 있었다.

'没+동사+过~'는 과거에 '~해본 적이 없다'라는 의미입니다. '하지 않은 ~이 있다'로 의역해도 괜찮아요.

예문

1 **很多没穿过的衣服。** 입어 보지 않은 옷도 많이 있다.
   hěn duō méi chuān guo de yī fu。

2 **很多没背过的课文。** 외우지 않은 본문도 많다.
   hěn duō méi bèi guo de kè wén。

3 **很多没看过的书。** 못 본 책도 많다.
   hěn duō méi kàn guo de shū。

 단어   **联系** lián xi [명사] 연락 [동사] 연락하다   **课文** kè wén [명사] 본문
背 bèi [동사] 외우다, 등지다, 배반하다   **穿** chuān [동사] 입다, 뚫다

가장 친한 여자 친구 사이를 闺蜜 guī mì 라고 해요. 이 단어에 영향을 받아 생긴 또 다른 단어가 있습니다. 아주 절친한 남자 친구 사이는 男闺蜜 nán guī mì 라고 한답니다.

塑料姐妹花 sù liào jiě mèi huā 는 중국 인터넷에서 유행하는 말로 '여자의 우정은 조화처럼 가식도 있지만 영원히 시들지 않는다'는 뜻입니다. 塑料 sù liào 는 플라스틱이라는 뜻이에요. 만약 두 친구를 두고 '塑料姐妹 sù liào jiě mèi'라고 하면 '겉으로는 좋은 사이 같지만 사실은 그렇지 않다'고 비꼬는 것입니다.

빈칸에 알맞은 단어를 쓰세요.

除了~以外　　都　　也　　还

1. _____星期一和星期三_____星期五_____有聚会。

월요일과 수요일 외에 금요일에도 모임이 있다.

2. _____我, 大家_____参加了旅游团。

나 빼고 다들 패키지 여행을 신청했다.

3. _____除此以外, _____有什么想说的吗?

이거 말고 더 할 말 있어?

30

不但有颜值, 而且有实力
bú dàn yǒu yán zhí, ér qiě yǒu shí lì

비주얼뿐만 아니라 실력도 좋다

|포인트| 不但~ 而且~ 구문 학습하기
不但 or 不仅+형용사(동사)+而且+형용사(동사)

 가예의 일기

4月21日 星期六 天气 : 晴

今天去看了***的演唱会。
jīn tiān qù kàn le ***de yǎn chàng huì。

人山人海。
rén shān rén hǎi。

他们不但有颜值, 而且有实力。
tā men bú dàn yǒu yán zhí , ér qiě yǒu shí lì。

4월 21일 토요일 날씨: 맑음

오늘 ***의 콘서트를 보러 갔다.

(사람들이) 인산인해를 이뤘다.

그들은 비주얼뿐만 아니라 실력도 좋다.

今天/去看了/***的/演唱会
jīn tiān/ qù kàn le/ ***de/ yǎn chàng huì
오늘 ***의 콘서트를 보러 갔다.

이번에도 일기에 많이 쓰는 단어가 나오네요. 바로 去看인데요, '보러 가다'라는 뜻입니다. 去 다음에 동사를 붙이면 '~하러 간다'라는 뜻이 됩니다. 이렇게 동사와 목적어가 결합한 형식을 동빈구조라고 한답니다.

예문

1 昨晚去看了佳倪的画展。
  zuó wǎn qù kàn le jiā ní de huà zhǎn。
  어젯밤에 가예의 그림 전시회를 보러 갔다.

2 今年去参加了哥哥的粉丝见面会。
  jīn nián qù cān jiā le gē ge de fěn sī jiàn miàn huì。
  올해 오빠의 팬미팅에 참석했다.

3 上午去看了一头的摄影展。
  shàng wǔ qù kàn le yī tóu de shè yǐng zhǎn。
  오전에 일두의 사진전을 보러 갔다.

단어 演唱会 yǎn chàng huì [명사] 콘서트   摄影展 shè yǐng zhǎn [명사] 사진전
粉丝见面会 fěn sī jiàn miàn huì [명사] 팬미팅

人山人海
rén shān rén hǎi
(사람들이) 인산인해를 이뤘다.

사자성어가 쓰였네요. 중국에서도 대화 중 사자성어를 쓰는 경우가 있어요. 자주 쓰는 성어를 알아봅시다.

예문

1 笨鸟先飞, 我也能成功。 부지런하면 나도 성공할 수 있다.
bèn niǎo xiān fēi , wǒ yě néng chéng gōng。

2 你不要狗拿耗子, 多管闲事。
nǐ bú yào gǒu ná hào zi , duō guǎn xián shì。
오지랖 떨지 말고 쓸데없는 일에 참견하지 마라.

단어 笨鸟先飞 bèn niǎo xiān fēi [성어] 둔한 새가 먼저 날다(능력이 모자란 사람이 남보다 뒤쳐질까봐 먼저 일이나 행동으로 부지런함을 말함)
狗拿耗子 gǒu ná hào zi [성어] 개가 쥐를 잡다(오지랖이 넓다)

不但/有/颜值,/而且/有/实力
bú dàn/ yǒu/ yán zhí, /ér qiě/ yǒu/ shí lì

비주얼뿐만 아니라 실력도 좋다.

'不但(不仅)+형용사(동사)+而且+형용사(동사)'는 '~하기도 하고 ~하기도 하다'라는 뜻인데, 후자를 강조합니다. 이때 앞 단어의 반대말은 사용할 수 없어요.

· 他不但高, 而且矮。 tā bú dàn gāo, ér qiě ǎi。 그는 키가 크기도 하고 작기도 하다. (×)
· 他不但高, 而且帅。 tā bú dàn gāo, ér qiě shuài。 그는 키도 크고 멋있는 남자다. (√)

 예문

1 他的房间不但脏, 而且乱。 그의 방은 더럽고 지저분하다.
　 tā de fáng jiān bú dàn zāng , ér qiě luàn。

2 不仅没赔钱, 而且赚了好多。
　 bù jǐn méi péi qián , ér qiě zhuàn le hǎo duō。
　 손해 보지 않았을 뿐만 아니라 많이 벌기까지 했다.

3 济州岛的生活不但自由, 而且快乐。
　 jì zhōu dǎo de shēng huó bú dàn zì yóu , ér qiě kuài lè。
　 제주도 생활은 자유롭고 즐겁다.

 단어

济州岛 jì zhōu dǎo [명사] 제주도　脏 zāng [형용사] 더러운
乱 luàn [형용사] 지저분한　赔钱 péi qián [동사] 밑지다, 손해 보다
赚 zhuàn [동사] (돈을) 벌다

颜值(외모지수)

인터넷 신조어 중 颜值 yán zhí 라는 단어가 생겼어요. '외모지수'라는 뜻인데요, 사람을 외모로 평가하다니 왠지 화가 나는데요?

- **颜值高** yán zhí gāo: 외모지수가 높다(잘생겼다)
- **颜值低** yán zhí dī: 외모지수가 낮다(못생겼다)

주어진 단어를 어순에 맞게 배열하세요.

예)

有 有 颜值 而且 不但 实力。

≫ 不但有颜值, 而且有实力。

비주얼뿐만 아니라 실력도 있다.

1. 脏 乱 而且 不但。   더럽기도 하고 지저분하기도 하다.

_____。

2. 不但 他 去了 而且 还去了 济州岛 首尔。

_____。

그는 서울뿐만 아니라 제주도에도 갔다.

3. 不但 有 而且 有 人气 实力。

_____。

실력뿐만 아니라 인기도 많다.

31 如果有一天
rú guǒ yǒu yì tiān

만약 어느 날

|포인트| 如果(要是)~ 的话, 假如: 만약 ~라면

가예의 일기

4月22日 星期六 天气：晴

我喜欢看杂志和小说，
wǒ xǐ huan kàn zá zhì hé xiǎo shuō,

如果有一天，我的文章能发表的话，
rú guǒ yǒu yì tiān, wǒ de wén zhāng néng fā biǎo de huà,

那该多好啊！
nà gāi duō hǎo a !

4월 22일 토요일 날씨: 맑음

나는 잡지와 소설을 즐겨본다.
만약 어느 날, 내 글이 실린다면
얼마나 좋을까!

我喜欢/看/杂志/和/小说
wǒ xǐ huan/ kàn/ zá zhì/ hé/ xiǎo shuō

나는 잡지와 소설을 즐겨본다.

'喜欢+동사'는 '~하기를 좋아한다'는 뜻으로 사용돼요. 그러니 喜欢看라고 하면 '보기를 좋아한다'는 뜻이죠. 이 문장에서 잡지와 소설은 모두 '보는 것'이니까 동사는 한 번만 썼어요.

예문

1 我喜欢吃(北京)烤鸭和火锅。
  wǒ xǐ huān chī (běi jīng) kǎo yā hé huǒ guō。
  나는 베이징덕과 훠궈를 먹는 것을 좋아한다.

2 我喜欢听京剧和相声。
  wǒ xǐ huān tīng jīng jù hé xiàng shēng。
  나는 경극과 만담을 듣는 것을 좋아한다.

3 我喜欢穿旗袍和汉族传统服装。
  wǒ xǐ huān chuān qí páo hé hàn zú chuán tǒng fú zhuāng。
  나는 치파오와 한족 전통 의상을 입는 것을 좋아한다.

 단어

杂志 zá zhì [명사] 잡지　(北京)烤鸭 (běi jīng) kǎo yā [명사] 베이징덕
小说 xiǎo shuō [명사] 소설　旗袍 qí páo [명사] 치파오(원피스 형태의 중국 의상)
火锅 huǒ guō [명사] 훠궈(중국식 샤브샤브)　服装 fú zhuāng [명사] 복장
汉族 hàn zú [명사] 한족(중국의 대표 민족)

如果/有一天
rú guǒ/ yǒu yì tiān
만약 어느 날

'如果(要是)~ (的话)'는 '만약 ~라면'이라는 의미인데, 보통 실현 가능한 일을 말할 때 써요. "만약 이 책을 다 읽는다면 중국어로 일기를 쓸 수 있을 텐데"라고 말하고 싶을 때 사용하죠. 실현 가능하니까요!

 예문

1 如果你已经有男朋友了, 就不要联系我了。
rú guǒ nǐ yǐ jīng yǒu nán péng you le, jiù bú yào lián xi wǒ le。
만약 너에게 이미 남자친구가 있다면 연락하지 말자.

2 要是昨晚不喝那么多酒, 就不会出丑了。
yào shì zuó wǎn bù hē nà me duō jiǔ, jiù bú huì chū chǒu le。
만약 어제 저녁에 그렇게 많은 술을 마시지 않았다면 망신을 당하지 않았을 텐데.

3 如果你见到他的话, 让他给我回电话。
rú guǒ nǐ jiàn dào tā de huà, ràng tā gěi wǒ huí diàn huà。
만약 당신이 그를 만난다면 제게 전화 한 통만 해달라고 전해주세요.

 단어

文章 wén zhāng [명사] 글, 문장
发表 fā biǎo [명사] 발표, 발매 [동사] 발표하다, 발매하다
已经 yǐ jīng [부사] 이미, 벌써 道歉 dào qiàn [동사] 사과하다
出丑 chū chǒu [동사] 추태를 보이다, 망신당하다

那该/多/好/啊
nà gāi/ duō/ hǎo/ a
얼마나 좋을까!

'얼마나 ~할까!' 형태로 외워두시면 좋아요. 문장 마지막의 啊는 감탄하는 어감을 강조하는 단어예요.

예문

1 **那该多冷啊!** 얼마나 추울까!
  nà gāi duō lěng a !

2 **那该多酷啊!** 얼마나 멋있을까!
  nà gāi duō kù a !

3 **那该多爽啊!** 얼마나 (속이) 시원할까!
  nà gāi duō shuǎng a !

 冷 lěng [형용사] 추운, 식힌 [동사] 춥다, 식히다
  酷 kù [형용사] 훌륭한, 잔혹한   爽 shuǎng [형용사] 밝은, 시원한

한국 학생들은 이합동사, 즉 '동사+명사'로 결합된 단어를 사용할 때 자주 틀립니다. 이합동사는 어휘 자체가 이미 명사와 연결돼 있기 때문에 다른 명사를 연결해서 사용할 수 없으므로 사용할 때 주의해야 합니다.

· 见面 jiàn miàn 만나다: 见 [동사] 만나다+面 [명사] 얼굴

예)

我要见面他。(X) wǒ yào jiàn miàn tā。
我要和他见面。(√) wǒ yào hé tā jiàn miàn。
그와 만나려고 한다.

· 约会 yuē huì 데이트하다: 约 [동사] 약속하다+会 [명사] 만남

예)

我周末要约会朋友。(X)
wǒ zhōu mò yào yuē huì péng yǒu。

我周末要和女朋友约会。(√)
wǒ zhōu mò yào hé nǚ péng yǒu yuē huì。
주말에 여자친구와 데이트하려고 한다.

빈칸에 알맞은 단어를 쓰세요.

如果~ 的话   要是   假如

1. _____她原谅你了, 会给你回短信的。

만약 그녀가 널 용서한다면 답장이 올 거야.

2.『_____给我三天光明』

『3일만 볼 수 있다면』(도서명)

3. _____是我的话……。

나라면…….

一

1 我好饿啊!

2 你的妈妈真漂亮啊!

3 今天太忙了!

二

1 李老师计划今天去中国。

2 你要去公司吗?

3 我希望你来。

三

1 我回家了。

2 他去不动产了。

3 我养了一只小狗。

四

1 我有两年工作经验。

2 妹妹有很多化妆品。

3 他没有钱。

五

1 菜的味道好极了。

2 我希望你自信一点儿。

3 今天又几场演出?

六

1 电影院的对面是什么?

2 这是他送我的第二个手机。

3 你的故乡是哪里?

七

1 我永远爱你。

2 平时要多练习。

3 女朋友偶尔给我做饭。

八

1 很长时间没下雨了。

2 好久没有你的消息了。

3 他已经很长时间不喝酒了。

九

1 从第一个到第三个。

2 你10点才起床?

3 他昨天就出院了。

十

1 还不知道。

2 还有两个人想喝咖啡。

3 还有时间吗？

十一

1 他被哥哥打了。

2 他被导游骗了。

3 苹果被我吃了。

十二

1 我喜欢过你。

2 你见过他的公司的代表吗？

3 你对她说过吗？

十三

1 他好像忘了我是谁。

2 她像我姐姐一样。

3 你的性格像谁？

十四

1 他们开心地唱歌。

2 我忘得很快。

3 她的性格很好。

十五

1 以为

2 想

3 觉得

十六

1 比

2 没有

3 更

4 一点儿

十七

1 的时候/时　兼职　压力

2 旅行　手机

十八

1 再

2 还是

3 或者

十九

1 运动

2 敷面膜

3 电影

二十

1 对我来说

2 对~感兴趣

3 别的

二十一

1 一~就~

2 困

3 小时候

二十二

1 叫什么名字来着？

2 洗澡来着。

3 做兼职来着。

二十三

1 一边～一边

2 着

3 来着

二十四

1 享受, 快乐

2 如

3 简单

二十五

1 一边～一边

2 又～又～

3 又～又～

二十六

1 她过得越来越好。

2 越担心越容易发生问题。

3 越来越有信心了。

二十七

1 原来, 怪不得

2 怪不得, 原来

3 原来

二十八

1 虽然

2 原来

3 因为

二十九

1 除了, 以外, 也

2 除了, 都

3 还

三十

1 不但脏, 而且乱。

2 她不但去了首尔, 而且还去了济州岛。

3 不但有实力, 而且有人气。

三十一

1 要是

2 假如

3 如果～的话